Lo que ot

AJÁ

"Kyle no está ajeno en cuanto a dónde nos encontramos hoy y hacia dónde podríamos llegar con la ayuda de Dios. Su compromiso es ayudarnos a tomar la dirección correcta. Si usted se encuentra hoy necesitado de una mano amiga en su ruta, él le guiará a la Persona correcta".

Max Lucado, pastor de Oak Hills
Church y autor del libro *Gracia*

"Kyle le desafiará a dejar de ser un cristiano a medias para ser un seguidor de Cristo a tiempo completo".

Craig Groeschel, pastor de
LifeChurch.tv y autor del libro *Pelea*

"Kyle confronta aun a los cristianos más obedientes a que evalúen su relación con Cristo".

Mike Huckabee, exgobernador de
Arkansas y autor de superventas

"Tal como con sus predicaciones, este libro le llevará a enfrentarse cara a cara con cada una de esas áreas que necesita cambiar y con el Único que tiene el poder para lograrlo".

Dave Stone, pastor de Southeast
Christian Church y autor de
Raising Your Kids to Love the Lord

"Original, introspectivo, práctico, las enseñanzas de Kyle han ayudado a un sinnúmero de personas. Estoy encantado de la manera en la que Dios está usando a Kyle para desafiar y animar a los cristianos y a aquellos que son retados por la fe. ¡Me incluyo en la lista de sus seguidores!".

Lee Strobel, profesor de Houston Baptist
University y autor de superventas

"*AJÁ* muestra con claridad una transformación bíblica y cómo esta funciona de manera simple, pero a la vez profunda. ¿Desea cambiar, mejorar o crecer? ¡Entonces debe obtener este libro!".

Mark Batterson, pastor principal de la Iglesia National
Community Church y autor
del superventas del *New York Times, All In*

"*AJÁ* rompe los esquemas sin sentido y nos lleva a lo más importante de nuestra espiritualidad".

Jud Wilhite, pastor de Central Christian
Church y autor de *The God of Yes*

"Si usted ha tenido en poco cómo las cosas negativas han entrado en su vida o si simplemente está listo para ser alguien mejor, entonces *AJÁ* espera por usted. Este libro le dará un golpe a su pasividad y le desafiará a acabar con la procrastinación. Pero no se intimide. Abrace cada una de las enseñanzas de este libro, hable directamente a su alma y tome acción. La gracia del Padre amoroso está disponible para usted".

Caleb Breakey, autor del libro *Called to Stay*
y *Dating Like Airplanes*

"Kyle es un gran comunicador, sus mensajes son poderosos, convincentes y prácticos".

David Novak, CEO de YUM! Brands
(Taco Bell, Pizza Hut, KFC) y
autor del libro *Taking People with You*

kyle idleman

AJÁ

ALERTA.JUSTICIA.ACCIÓN

kyle idleman

AJÁ

ALERTA. JUSTICIA. ACCIÓN

CASA
CREACIÓN

Traducido por: Sonalí Irizarry Mena
Diseño de la portada: Vincent Pirozzi
Director de diseño: Justin Evans

Originally published in the U.S.A. under the title: *AHA!*
© 2014 by Kyle Idleman
David C. Cook, 4050 Lee Vance View, Colorado Springs, Colorado 80918 U.S.A.

Library of Congress Control Number: 2014956848
ISBN: 978-1-62998-265-6
E-book ISBN: 978-1-62998-290-8

Nota de la editorial: Aunque el autor hizo todo lo posible por proveer teléfonos y páginas de internet correctas al momento de la publicación de este libro, ni la editorial ni el autor se responsabilizan por errores o cambios que puedan surgir luego de haberse publicado.

Impreso en los Estados Unidos de América
15 16 17 18 19 * 7 6 5 4 3 2 1

A mis cuatro hijos:
Kenzie, Morgan, Mason y Kael
Los brazos de su Padre siempre estarán abiertos
y los míos también.

Un agradecimiento especial a Taylor Walling: ya sea escribiendo una canción, un sermón o un libro, Dios te ha dado un don para el uso de las palabras. Gracias por toda tu excelente ayuda y por tu arduo trabajo en armar este libro.

CONTENIDO

Capítulo I

EL PAÍS LEJANO

Consejo rápido: no le pida al empleado de una librería que le indique dónde queda la sección de autoayuda.

Irónicamente, es mejor ayudarse a sí mismo a encontrar la sección de autoayuda. Recientemente cometí el error de entrar a una librería y preguntar dónde se encontraba la sección de autoayuda. El empleado de la librería, inicialmente desinteresado y distraído, se animó y me miró fijamente. Tal parecía que buscaba descifrar exactamente qué partes de mí necesitaban ayuda. Comencé a sentirme inseguro, porque sé que hay muchas áreas de mí que necesitan ayuda.

Finalmente, él me señaló hacia una sección en la parte trasera de la librería que en realidad era como una región entera. De hecho, yo diría que habían dedicado una cuarta parte de la librería para todo tipo de guías de autoayuda.

Leí cuidadosamente los títulos que llenaban los pasillos, mientras descubría nuevas áreas de mí que necesitaban ayuda. Había títulos que leían, *Cómo caer bien a los demás en 90 segundos o menos, Conviértase en una mejor versión de usted,* e *Influencia: La psicología de la persuasión.* Era abrumador. Huí de la sección de autoayuda. Dudas acerca de mi salud mental y física comenzaron a incomodarme.[1]

La mayoría de estos libros prometían una nueva versión de mi vida a través de seguir unos simples pasos. Es difícil no ser cínico, porque lógicamente hablando, si uno de estos libros funcionara, los demás no serían necesarios. Pero la verdad es que los libros de autoayuda que prometen una transformación de vida están en todas partes.

Un artículo de la revista *New York* explicó que el auge del tema de autoayuda se ha convertido en una "industria de 11 mil millones dedicada a decirnos cómo mejorar nuestras vidas".[2] El artículo reporta que existen por lo menos 45 000 libros de autoayuda ya impresos.

A pesar de que existen miles de guías diseñadas para transformarnos, la mayoría de nosotros podríamos aceptar que aún necesitamos ayuda. Observe los estantes de nuestras librerías. Los temas más populares son: dieta y ejercicios, cómo mejorar su matrimonio, tomar control de sus finanzas, manejo del estrés y superar sus adicciones. Y estos libros, a pesar de cubrir diferentes temas y llevar distintos títulos, comparten un lema y unas fórmulas que cuando entré a la sección de autoayuda, sentí que todos los autores habían estado en la misma fiesta de juego de palabras de Mad Libs:

> Siga nuestros (ESCOJA UN NÚMERO ENTRE 1-8) pasos fáciles y le garantizamos que (INSERTE SU GANANCIA ECONÓMICA, META PARA PERDER PESO, O SU ESTADO CIVIL) en cuestión de (ESCOJA UN NÚMERO ENTRE 1-5) (INSERTE EL TIEMPO EN EL QUE DESEA EL CAMBIO).

Pero como estamos muy conscientes de que necesitamos ayuda, frecuentemente entramos en este triste ciclo que consta de seguir seis pasos para mejorar nuestras vidas y luego esperamos mejores resultados.

Sabemos que algo está mal.

Incluso, sabemos *qué* queremos cambiar.

Nuestro diagnóstico es certero, pero el remedio no produce los resultados que deseamos.

Si usted escogió este libro porque buscaba ayudarse a sí mismo para obtener cambios significativos, desde luego, quiero dejarle saber que este libro no es para usted. Si uno mismo se pudiese ayudar, entonces hace tiempo ya todos estuviésemos arreglados.

Así que, déjeme aclararle: *AJÁ* no es un proceso de autoayuda. Es todo lo contrario a un libro de autoayuda. Lo que Bizarro es a Superhombre,[3] es este libro al género de la autoayuda. **Este camino comienza con rechazar que el yo nos ofrezca ayuda.**

La historia de AJÁ

En lugar de recurrir a la autoayuda, le pedimos a Dios por su ayuda, porque AJÁ es una experiencia espiritual que trae cambios sobrenaturales. Particularmente, vamos a definir *AJÁ* de la siguiente manera: "Un reconocimiento repentino que abre camino a un momento de honestidad que trae consigo cambios perdurables".

Me encanta ser testigo de AJÁ. Lo veo casi cada fin de semana en la iglesia donde sirvo. Escucho a la gente testificar acerca del despertar espiritual que experimentaron. En ese instante, surgió un hermoso encuentro. En el momento oportuno, la vida de una persona se encuentra con la Palabra de Dios y el poder del Espíritu Santo, y todo cambia.

Cuando Jesús enseñaba acerca de esta transformación espiritual, por lo general, lo hacía a través de parábolas. AJÁ no puede ser explicado en su totalidad. Hay un sentir que solo puede ser entendido a través de la experiencia. Así que es a través de relatos que AJÁ es mejor comprendido.

Una mujer me contó cómo comenzó a comer compulsivamente para lidiar con los problemas de la vida. No existía un reto en el día que ella no pudiese resolver con comer. Una semana de trabajo estresante se convertía en un fin de semana de tres y cuatro porciones adicionales de comida. Para enfrentar la ansiedad que traía la fecha de cierre de un proyecto, ella compraba dos o tres postres y se los comía esa misma noche. A pesar de haber intentado bajar de peso por su propia cuenta, llegó a 325 libras. Ese aumento, que parecía no tener fin, la llevó a una depresión profunda, lo que intensificó su conducta compulsiva.

Luego de meses y meses en el ciclo vicioso de atracones y depresión, esta mujer se dio cuenta de algo: *la comida nunca iba a llenar el vacío en su corazón.* Trató de satisfacer su alma con comida.

Cuando fue a la iglesia, ella escuchó un mensaje acerca de Juan 6 donde Jesús se describió a sí mismo como el "Pan de vida". De pronto, ella se dio cuenta de que su obsesión por comer se debía a su anhelo de que la comida hiciera lo que solo Jesús podía hacer por ella.

Eso fue hace cuatro años y 170 libras atrás. Pero su cambio exterior solo fue el resultado de la transformación interior que experimentó cuando su vida se encontró con el evangelio y comenzó a buscar a Jesús para llenar el vacío en su corazón.

AJÁ.

Estaba hablando con un hombre quien llevaba una lucha continua con el alcoholismo. Él había tratado de cambiar varias veces. Intentó varios programas de autoayuda y pasó por los doce pasos. Esto lo ayudó por una temporada, pero nunca se mantuvo el tiempo suficiente como para mantenerse sobrio.

Con el paso de los años, se dio cuenta de lo mucho que la bebida le había costado, pero cuando pensó que ya no podía caer más hondo, lograba sumergirse aún más. Un día escuchó a un pastor predicar del pasaje donde Pablo dijo: "No se emborrachen con vino, que lleva al desenfreno. Al contrario, sean llenos del Espíritu" (Ef. 5:18). Inmediatamente, esta verdad de la Palabra de Dios abrió sus ojos: él se había aferrado al alcohol para que hiciera lo que el Espíritu Santo le correspondía hacer.

Cuando se encontraba desconsolado y deprimido, buscaba consuelo y paz en la bebida, pero el Espíritu Santo quería consolarlo. Cuando se sentía inseguro, bebía para así lograr sentir seguridad y audacia, pero el Espíritu Santo quería llenarlo de valentía y fuerzas. Cuando se sentía inseguro acerca del futuro y su próximo paso a seguir, bebía para lidiar con la incertidumbre, pero el Espíritu Santo quería guiarlo y dirigirlo hacia un nuevo camino.

AJÁ.

A pesar de haber escuchado cientos de testimonios de AJÁ a través de los años, mi favorito es el que narra Jesús en Lucas 15 (JBS). Es conocido como la parábola del hijo pródigo. Charles Dickens llamó esta parábola, famosamente: "La gran historia narrada". El hecho de que sea una parábola y no un cuento de la vida real, no impide el que sea una historia llena de eventos de la vida real. Es casi imposible leer esta parábola sin encontrarse en ella.

> Y dijo: Un hombre tenía dos hijos; y el menor de ellos dijo a su padre: Padre, dame la parte de la hacienda que me pertenece; y les repartió su sustento.
>
> Y no muchos días después, juntándolo todo el hijo menor, partió lejos a una provincia apartada; y allí desperdició su hacienda viviendo perdidamente.

Y cuando todo lo hubo malgastado, vino una gran hambre en aquella provincia, y le comenzó a faltar.

Y fue y se llegó a uno de los ciudadanos de aquella tierra, el cual le envió a su hacienda para que apacentara los puercos.

Y deseaba llenar su vientre de las algarrobas que comían los puercos; mas nadie se las daba.

Y volviendo en sí, dijo: ¡Cuántos jornaleros en casa de mi padre tienen abundancia de pan, y yo aquí perezco de hambre!

Me levantaré, e iré a mi padre, y le diré: Padre, he pecado contra el cielo y delante de ti; ya no soy digno de ser llamado tu hijo; hazme como a uno de tus jornaleros.

Y levantándose, vino a su padre. Y como aún estuviera lejos, lo vio su padre, y fue movido a misericordia, y corrió, y se echó sobre su cuello, y le besó.

Y el hijo le dijo: Padre, he pecado contra el cielo, y delante de ti, y ya no soy digno de ser llamado tu hijo.

Mas el padre dijo a sus siervos: Sacad el principal vestido, y vestidle; y poned un anillo en su mano, y zapatos en sus pies.

Y traed el becerro grueso, y matadlo, y comamos, y hagamos banquete; porque éste mi hijo muerto era, y ha revivido; se había perdido, y es hallado. Y comenzaron a hacer banquete.

Y su hijo mayor estaba en el campo; el cual cuando vino, y llegó cerca de casa, oyó la sinfonía y las danzas; y llamando a uno de los criados, le preguntó qué era aquello.

Y él le dijo: Tu hermano ha venido; y tu padre ha matado el becerro grueso, por haberle recibido salvo.

Entonces se enojó, y no quería entrar. Salió por tanto su padre, y le rogaba que entrara.

Mas él respondiendo, dijo al padre: He aquí tantos años te sirvo, no habiendo traspasado jamás tu mandamiento, y nunca me has dado un cabrito para hacer banquete con mis amigos;

Mas cuando vino éste tu hijo, que ha consumido tu sustento con rameras, has matado para él el becerro grueso.

El entonces le dijo: Hijo, tú siempre estás conmigo, y todas mis cosas son tuyas.

Mas era necesario hacer banquete y regocijarnos, porque éste tu hermano estaba muerto, y ha revivido; se había perdido, y es hallado.

Luego de haber estudiado este pasaje en profundidad, descubrí que esta parábola tiene tres componentes que existen en cada experiencia AJÁ. Así que mientras estudiamos esta parábola y viajamos con el hijo pródigo en su jornada, vamos a identificar los tres componentes de AJÁ en su vida y orar por ellos en nuestras vidas.

La receta para AJÁ

Mi esposa tiene un libro de cocina en nuestra casa que fue un regalo de boda. Se titula *Cocinar con 3 ingredientes*. Realmente, ella no lo utiliza y apreciaría que les comente eso. Por lo general, cuando ella cocina utiliza más de tres ingredientes. La verdad es que yo soy quien uso *Cocinar con 3 ingredientes*.

En las raras ocasiones que me permiten en la cocina, este libro es donde acudo, porque honestamente, tres ingredientes es lo más que se acerca a mi capacidad culinaria. Una de las cosas que he aprendido a la mala es que cuando uso *Cocinar con 3 ingredientes*, todos los ingredientes son necesarios—no, absolutamente vitales.

Esta es la desventaja de *Cocinar con 3 ingredientes*. No puede hacer trampa. Si solo utiliza dos ingredientes, no va funcionar muy bien.

Lo mismo sucede con AJÁ.

He escuchado cientos—sino miles—de experiencias AJÁ a través de los años. He estudiado numerosas experiencias transformadoras de personajes bíblicos. Sorprendentemente, AJÁ siempre tiene tres ingredientes. La ausencia de alguno de estos ingredientes interrumpe el proceso de transformación:

1. Alerta repentino

2. Justicia* total

3. Acción inmediata

Si hay un alerta y justicia, pero no hay acción, entonces no ocurre AJÁ.

Si hay un alerta y acción, pero la justicia es ignorada, AJÁ será de poca duración.

Pero cuando la Palabra de Dios y el Espíritu Santo traen a su vida estos tres componentes juntos, experimentará AJÁ; un momento divino que lo cambia todo.

Cuando conocí a Justin, estaba desesperado por AJÁ. Creció en un hogar cristiano y asistió a una escuela cristiana. Sus padres le mantuvieron el pelo corto y le exigían que llegara a su casa temprano. Él estaba convencido de que su vida resguardada lo cohibía de disfrutar de la vida. Un año, Justin se sentó a ver *MTV Spring Break* y pensó en toda la diversión que debía estar experimentando. Así que, después de haberse graduado, hizo sus maletas y se dirigió hacia un *país lejano*.

El país lejano es la descripción general de dónde el hijo pródigo viajó luego de haber exigido su herencia y dejado

---

* Nota del editor: Aquí "justicia" se usa como sinónimo de "honestidad franca" para cumplir con el acróstico AJÁ, refiriéndose a la justicia original, definida como la "inocencia y gracia en que Dios creó a nuestros primeros padres", de acuerdo al Diccionario de la Real Academia Española. Se refiere además a un estado de transparencia total.

a su padre. La audiencia judía que escuchaba esta parábola entendía que *el país lejano* significaba algo más que un lugar lejano. Cualquier lugar lejano era considerado tierra gentil. La implicación era clara: el hijo no solo le dio la espalda a su padre; le dio la espalda a su fe por completo. Más que alejarse de su padre terrenal, encontramos que el hijo pródigo se alejó de su Padre celestial.

Usted está aquí

¿Alguna vez ha estado un poco perdido en un centro comercial o tal vez en un parque de diversiones? Es posible que usted sabía a dónde quería ir, pero si no sabía dónde había comenzado, era imposible encontrar la manera de llegar a su destino. Cuando usted camina hacia el gran mapa, lo primero que usted busca no es su destino, sino su ubicación actual. Sus ojos recorren el mapa en busca del reconocido símbolo "USTED ESTÁ AQUÍ".

AJÁ comienza con el reconocimiento de nuestra ubicación actual. De una manera u otra, todos estamos en un *país lejano*. *El país lejano* puede definirse como cualquier área en nuestras vidas donde nos hemos alejado de Dios. Puede que cada parte de usted viva en *el país lejano*, o quizás hay una parte en específico que usted haya dejado a Dios fuera. Letreros que prohíben el paso, marcan el parámetro y dejan claro que Dios no es bienvenido.

Puede ser de ayuda pausar aquí e identificar las áreas en su vida que pudiesen describirse como *el país lejano*. Tome un momento y dele una ubicación específica a esta descripción general. Escriba las áreas en su vida donde Dios no es bienvenido:

Liste su país lejano aquí

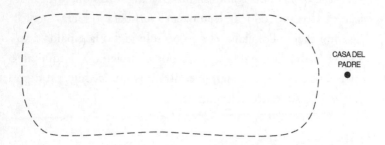

CASA DEL
PADRE
•

No siempre estamos claro de cómo llegamos a este lugar. Existen muchas razones por las cuales dejamos la casa del Padre por *el país lejano*, pero la Biblia dice que todos nos encontraremos allí en algún momento. Isaías 59 explica que el pecado nos separa de Dios. Y Romanos 3 nos dice que todos hemos pecado. El pecado es el vehículo que todos hemos tomado para llegar al *país lejano*.

Dejar al Padre

He descubierto que lo que conduce a muchos viajeros ir al *país lejano* es que le huyen a un dios que no existe. Por una razón u otra, su percepción de quién es Dios no coincide con la realidad. Rechazan a un dios que ellos han creado en vez del Dios verdadero quien los creó.

Justin huyó de Dios y se dirigió hacia *el país lejano* porque estaba seguro de que Dios era un **Padre irrazonable**. Como el hijo en Lucas 15, Justin estaba convencido de que quedarse con su padre lo privaba de vivir.

Por lo tanto, Dios se convirtió en un padre irrazonable quien tiene un listado largo de reglas que al parecer estaba diseñado para quitarle toda la diversión a la vida. He escuchado a Dios ser descrito como "El gran aguafiestas cósmico".

Muchas personas hacen sus maletas y se dirigen hacia *el país lejano* porque están convencidos de que la manera de Dios es muy restringida y su camino muy angosto. Ven las fronteras de Dios como una valla que confina en lugar de una valla que los protege.

Justin creció en un hogar muy religioso. Una de las razones por las cuales Jesús no admiraba la religión era porque la religión aplicaba las reglas por medio de la culpabilidad y la vergüenza. Y Justin se unió a la gran caravana de viajeros que dejan sus iglesias en las cuales crecieron por ir al *país lejano* porque no solo pensaron que Dios era un Padre irrazonable, pero un **Padre difícil de agradar**. El razonamiento es algo así: "Como el estándar de Dios es muy alto, nada de lo que haga será suficiente para Él. ¿Así que, para qué seguir aquí e intentar?".

Quizás usted creció en una iglesia que perpetuaba esta creencia. Cada vez que escuchaba acerca de Dios en la iglesia, Él siempre parecía estar frustrado con usted. Todo lo que escuchaba acerca de Dios le hacía creer que cuando Él le miraba, movía su cabeza en desaprobación. Sus reglas y expectativas eran irrazonables, y no importaba el esfuerzo que hacía, Dios nunca parecía quedar conforme.

Quizás usted creció sintiendo que lo mejor que podía dar nunca era suficiente para Dios. Cuando llegaban sus calificaciones, llevaba a su casa una B, pero debió haber sido una A. Si apuntó quince puntos en el juego de baloncesto, hubiese anotado veinte.

Si usted ve a Dios como un Padre imposible de complacer, en algún momento usted dejará de complacerlo por completo. ¿Cuál es el fin de tanto esfuerzo si nada es suficiente?

Algunos dejan al Padre y se dirigen hacia *el país lejano* porque ven a Dios como un **Padre cruel**. Ven a Dios como un Padre enojado quien es casi abusivo y parece hallar placer en repartir castigos. Siempre anda pendiente y a la espera de que caigas, y cuando le agarre, no importará cuán arrepentido esté—habrá un infierno que le hará pagar—*literalmente*. Si lo enseñaron a tenerle miedo a Dios, entonces su respuesta natural sería huir.

Hace unos años atrás, llegué del trabajo para encontrar que mi esposa e hijos habían decidido cuidar el perro de nuestro vecino. El nombre del perro era Pork Chop, y todos estábamos contentos con nuestro visitante. Pero la primera vez que entré al cuarto, Pork Chop no estaba muy contento de verme. Su respuesta a mi llegada fue orinar en el suelo y correr al otro cuarto. Traté de no tomarlo personal, pero luego esa tarde, cuando entré al cuarto donde se encontraba Pork Chop, respondió de la misma manera. Se orinó, corrió y se escondió.

Luego nos enteramos que los dueños de Pork Chop lo habían rescatado de una situación abusiva donde él había aprendido a temerle a los hombres. Él no tenía razón para temerme—yo había aceptado a este perro en mi hogar y le había provisto comida y protección—pero por haber aprendido a temerle a los hombres, él siempre corría y nunca me pude acercar a él.

Así es como muchas personas se relacionan con Dios. Corren hacía *el país lejano* y nunca le dan la oportunidad, porque han sido condicionados a tenerle miedo a Dios.

Y finalmente, he hablado con muchos viajeros que están en *el país lejano* porque ven a Dios como un **Padre indiferente**. Sienten que Dios no estuvo por ellos cuando más lo necesitaban, así que salieron hacía *el país lejano* sin mirar atrás. Desde ese entonces, percibieron a Dios como una fuerza impersonal que no conocía, ni le importaba lo que sucedía en sus vidas.

Su relación con Dios se puede resumir de la siguiente

manera: "Si yo no le importo, entonces a mí tampoco me importa Él".

El terapista familiar John Trent compartió una vez una carta que una maestra de tercer grado le había entregado. La carta fue parte de una asignación que ella le había dado a sus estudiantes de escribirle una carta a sus padres.

Aquí está la carta de una de las niñas:

> *Querido Papito, te amo mucho. ¿Cuándo vas a venir a verme de nuevo? Te extraño mucho. Me encanta cuando me llevas a la piscina. ¿Cuándo me voy a quedar en tu casa? ¿Alguna vez has visto mi casa? Quiero ver cómo es tu casa. ¿Cuándo voy a poder verte de nuevo? Te amo, Papito.*

¿Qué le acontecerá al corazón de esa niña cuando crezca? Referente a su padre, quedará desilusionada y decepcionada y eventualmente podría sentirse resentida y herida. Al menos, es poco probable que se quede cerca. Es más probable que ella haga sus maletas y se dirija hacía *el país lejano* y deje a su padre atrás.

Nuestro verdadero Padre celestial

Es inevitable encontrarse en desesperada necesidad luego de haber dejado al Padre para ir al *país lejano*, por el motivo que sea. Es un desespero por el tipo de ayuda que uno mismo no puede proveer. Lo que descubriremos a través de esta parábola es que cuando le damos la espalda a Dios y seguimos nuestro camino, Él es un Padre amoroso, misericordioso, atento y apasionado que quiere hacer más que ayudarnos, nos quiere salvar.

Justin veía MTV en su hogar, convencido de que se estaba perdiendo de algo y estaba listo para salir de allí para vivir.

Luego de haber salido hacia *el país lejano*, Justin accedió a la vida desenfrenada de sexo, bebida, fiestas, y trasnoche. Cuando se trató de drogas, Justin lo experimentó todo. No le importó cuán extremo o peligroso parecía, él siempre estaba listo para endrogarse.

Después de un tiempo, las drogas que disfrutaba ocasionalmente se convirtieron en su adicción, y llevó a Justin a humillarse. Con su vida hecha un desastre, Justin intentó ayudarse a sí mismo, pero cada intento doloroso siempre se convertía en una recaída.

Luego Justin buscó ayuda profesional. Los tratamientos de rehabilitación fracasaron, las limpiezas no duraron, y los programas nunca le funcionaron. Justin sentía que no tenía dónde acudir. Una terrible revelación despertó en él: tal vez ya no tengo arreglo.

Un fin de semana luego de la iglesia, él se me acercó. Nunca olvidaré las primeras palabras que salieron de su boca: "Estoy endrogado con heroína ahora mismo".

Con mirar su cara deprimida y sus ojos inyectados con sangre, le creí. Comenzó a llorar mientras me contaba su historia. Tal parecía que sus malas decisiones dejaron rastros de daños emocionales que lastimaron su relación con sus amigos, familia y finalmente, Dios.

Justin se dio cuenta de que Dios no quería quitarle la diversión a su vida; más bien, Él es su Padre quien lo amaba y lo perdonaría pese a todo. Justin dijo que sentía que necesitaba ayuda en ese instante, porque él no confiaba en él mismo para esperar veinticuatro horas hasta el lunes. Me miró, estremecido por su propia realidad, desesperado por ayuda. Justin me lo explicó de la siguiente manera: "No tengo otro lugar dónde acudir ni adónde ir. No hay nada que pueda hacer para ayudarme a mí mismo. ¿Le puedes pedir a Dios que me ayude?".

Aquí es donde comienza el viaje AJÁ. No con el compromiso determinado de autoayuda, sino con la humilde petición de la ayuda de Dios.

PARTE I
ALERTA REPENTINO

Y volvió en sí . . .

Capítulo 2

ENTRAR EN RAZÓN

Hace poco una de mis hijas puso la alarma de mi iPhone a sonar como su animal favorito. Llevaba el nombre "Caballos relinchando". Mejor era que se llamara "los gritos de terror".

A las 5:30 de la mañana, mi alarma sonó y me levanté disparado de la cama, totalmente despierto al sonido de animales salvajes a la fuga. Mientras cambiaba el tono de mi alarma, descubrí una variedad de opciones que no conocía antes. Si usted posee un iPhone, sáquelo y mire conmigo. Vaya a "Ajustes," presione "Sonidos," y luego "Tonos". Seleccione "Timbre". Ahora esto podría ser algo confuso. *¿Qué sucede con este sonido? ¿Se supone que me levante? ¿Alguien vino a verme?* No es la mejor manera de comenzar el día.

Algunos de estos sonidos no me podrían sacar de la cama, como el que lleva el nombre "Arpa". Es una melodía suave y con tan solo escucharla me da sueño. Es como si me cantaran: "Regresa a dormir. Es lo que debes hacer. Su jefe lo entenderá". Esto es exactamente lo que haría cada mañana si ese tono suave fuese mi alarma habitual.

He encontrado el tono más efectivo por el cual despertar

llamado "Bocina de auto antiguo". Si usted no posee un iPhone, piense en la alarma de una casa que podría escuchar al otro lado del vecindario. Ahora imagínese que duerme dentro de una bocina. Es una alarma eficaz. Y lo mejor de todo es que esta alarma tiene un sistema de respaldo que entra en función casi a prueba de fallo. Si la alarma no me logra sacar de la cama inmediatamente, la "segunda opción" entra en función literalmente. El pie de mi esposa me golpea en la parte baja de mi espalda pidiéndome que me levante a apagar la alarma.

Pero he descubierto lo siguiente: la eficacia de la alarma está directamente relacionada al deseo que usted tiene de no escucharla.

En otras palabras, hasta que su deseo de no querer escuchar la alarma sonar aventaje su deseo de dormir, usted no se va a levantar.

Un alerta repentino ocurre, de una manera muy similar, cuando al fin Dios logra captar nuestra atención. La alarma suena y esta vez la escuchamos. La alarma nos provoca salir de la cama. De repente nos vemos ante la realidad de nuestras circunstancias actuales y nos damos cuenta de inmediato de que algo tiene que cambiar. Aunque hayamos viajado muy lejos del Padre y vivimos en *el país lejano*, despertamos a la realidad como nunca antes. El primer ingrediente de AJÁ es un alerta repentino. El hijo pródigo experimentó esto en Lucas 15:17. Lee de la siguiente manera:

Por fin recapacitó…

Él se sentó derecho y de pronto se dio cuenta de lo que se había convertido su vida. Él se preguntó cómo las cosas se habían vuelto de esta manera.

Cuando dejó la casa de su padre, nunca se imaginó llegar a esto. Esto nunca fue parte del plan. Pero ahora la vida tenía su atención y él sabía que las cosas tenían que cambiar. Por un momento dormía, pero de pronto despertó.

AJÁ.

¿Alguna vez ha experimentado algo así?

Alertas repentinos

Un hombre luchaba con apostar, no era una lucha de meses, sino una lucha de toda la vida. Todo comenzó en la universidad cuando los juegos de póquer lentamente se salieron de control. Tras un mes de mala fortuna en todos sus juegos, él se obstinó en ganar. Luego de haber perdido su dinero, apostó el valor de sus libros de textos sin importar las quejas de parte de sus amigos.

La alarma de alerta sonó por primera vez cuando sus amigos se negaron a volver a jugar con él, pero él no la escuchó. En cambio, buscó otros jugadores dispuestos a jugar. Siempre perdía más de lo que generaba, pero nada lo entusiasmaba más que la tirada de dados y una nueva mano de cartas. Eventualmente, sus deudas aumentaron, y la alarma de alerta sonó otra vez cuando se vio obligado a dejar la universidad.

Él logró mantener en secreto sus apuestas y se casó con una mujer que pensaba que su interés por jugar era rara vez. Pero un fin de semana mientras ella estaba de viaje, él retiró dos mil dólares en un momento de impulsividad por apostar y malgastó los ahorros que tenía con su esposa. La alarma de alerta sonó más fuerte cuando su esposa regresó del viaje y descubrió lo que él había hecho y se fue de la casa sin desempacar su maleta. Ella se quedó en la casa de su hermana por un mes hasta que él estuvo de acuerdo con sus términos.

La alarma de alerta sonó de nuevo.

Formó parte de un grupo de apoyo que lo ayudó por un tiempo. Trató de quedarse en el programa pero su lucha continuaba. Inclusive, el ver ESPN lo tentaba a apostar en línea y con la temporada de deportes transmitida todo el año, no encontraba una salida. Este pasado año, perdió su trabajo y regresó al casino. Una noche llegó a su casa y encontró una nota que su esposa le había dejado. Esta vez parecía que la gota había colmado la copa.

Y la alarma de alerta suena.

Una esposa en sus treintas regresó a su casa luego de haberse encontrado con su exnovio de la escuela secundaria. Recientemente se había vuelto a poner en contacto con él a través de Facebook. Ella le había solicitado amistad por Facebook a un sinnúmero de compañeros de estudios, y un día cuando ella verificó su página, se encontró con un saludo de parte de su ex.

A través de mensajes privados, ellos revivieron recuerdos viejos. Eventualmente, uno de ellos recomendó el encontrarse. Se encontraron en el recibidor de un hotel y cuando él caminó hacia ella, ella sintió un torbellino de emociones. Almorzaron juntos y él parecía ser igual de encantador y chistoso. Durante el almuerzo, él le pasó la sal y sus manos rosaron. Su corazón latió vigorosamente tal y como si estuviera en la secundaria nuevamente. De pronto se sintió llena de vida, cosa que no había sentido en mucho tiempo.

Cuando ella entró a su casa, se dio con una mesa e hizo caer una foto familiar. Mientras volvía a colocar la foto, tomó un momento para mirar la foto con su esposo y sus tres hijos. Ellos todos le habían hecho muecas a la cámara.

La alarma de alerta sonó

Las notas de un universitario llegaron por correo. Por haber pasado su tiempo en fiestas, reprobó sus clases.

Ella es una estudiante de tercer año de escuela secundaria, sus manos temblaban mientras sujetaba una prueba de embarazo y esperaba los resultados.

Él cerró el sitio web, borró el historial y apagó la computadora. Su esposa dormía en el otro cuarto, pero él había elegido esto en vez de a su esposa.

Tarde o temprano *la alarma de alerta sonará* en el país lejano.

El sueño pesado

El hijo en Lucas 15 no escuchó la alarma de alerta hasta que llegó al corral de los cerdos.

Él no la escuchó cuando le pidió su herencia a su padre. Básicamente dijo: "Padre, no puedo esperar a que usted muera. Quiero mi dinero ahora".

Él no escuchó la alarma de alerta cuando sintió su billetera más liviana luego de festejar los fines de semana en el país lejano. ·

Ni siquiera la escuchó cuando la hambruna arrastró con la tierra.

Él no la escuchó cuando aceptó el trabajo de cuidar los cerdos.

Es difícil leer esta parábola sin preguntarse: "¿Cómo él no escuchó la alarma de alerta? ¿Cómo durmió durante todo eso?".

A menudo no escuchamos el sonido de las alarmas de alerta en nuestras vidas porque no somos sensibles a ellas. El arpa no nos despertará, tendrá que ser los gritos de terror para hacernos despertar. Así que en lugar de responder a la alarma de alerta temprano, la posponemos. La alarma de alerta aumenta en sonido hasta que eventualmente es tan intolerable que ya no la podemos ignorar. Así que nos levantamos, nos estrujamos los ojos, miramos a nuestro alrededor para solo darnos cuenta de que nos encontramos entre los cerdos, y luego nos preguntamos cómo llegamos allí.

Aquí está mi pregunta para usted: ¿Hay alarmas de alerta que suenan en su vida ahora mismo?

En la Biblia hay varios ejemplos de cómo Dios hace sonar la alarma de alerta. A menudo esta suena temprano para levantarnos antes de que todo se venga abajo. Hay personas que piensan que tienen que tocar fondo para entonces entrar en razón, pero ¿qué tal si Dios está tratando de despertarnos ahora mismo para salvarnos de una angustia futura en el país lejano?

Segunda de Crónicas 36:15 habla de cómo Dios suena la alarma de alerta para despertar a su gente:

> Y Jehová el Dios de sus padres envió a ellos por mano de sus mensajeros, levantándose de mañana y enviando: porque él tenía misericordia de su pueblo, y de su habitación…
>
> RVA

La expresión *levantándose de mañana* no significa que Dios se levantó de la cama temprano. Más bien, es mejor entendido como "actuar lo antes posible". En este contexto, significa que Él sonó la alarma de alerta tan pronto el problema fue señalado. Entonces leemos por qué Él avisó:

> … porque él tenía misericordia de su pueblo…

Esta es otra manera en que Dios es un Padre amoroso. El momento en que un padre percibe que su hijo corre peligro, él le avisa a su hijo de las consecuencias que se aproximan.

Hace unos años, durante unas vacaciones, fui a visitar a mis padres con mi familia. Ellos vivían en una calle sin salida donde en raras ocasiones los autos pasaban. Un día mi hijo Kael, quien para ese entonces tenía cuatro años, corrió su triciclo por la entrada de la casa. Yo salí de la casa y vi un auto que venía bastante rápido. Kael necesitaba un aviso de que el auto venía.

No pensé: *tengo como treinta segundos antes de que el auto haga contacto con mi hijo. Eso es tiempo suficiente para verificar mis textos antes de decirle algo.*

No sonreí y dije: "Oye, hijo, una Ford SUV viene hacia ti. Es posible que quieras reducir la velocidad".

Con un sentido de urgencia le grité: "Kael, ¡para ahora mismo!".

Tan pronto como me di cuenta del peligro, le advertí. Eso es lo que hace un padre amoroso.

A lo largo de las Escrituras leemos acerca de las distintas formas en que Dios se levanta temprano para hacer sonar la alarma de alerta.

1. Su Palabra en el momento oportuno

En Génesis 4, Dios sonó la primera alarma oportuna y específica.

La historia es bastante familiar. Adán y Eva tenían dos hijos en aquel entonces: Caín y Abel. Probablemente usted esté familiarizado con esta historia, pero hay una advertencia a Caín que nunca había notado antes.

Génesis 4:2-5 dice lo siguiente:

Abel se dedicó a pastorear ovejas (así que es pastor), mientras que Caín se dedicó a trabajar la tierra (él es agricultor). Tiempo después, Caín presentó al *Señor* una ofrenda del fruto de la tierra. Abel también presentó al *Señor* lo mejor de su rebaño, es decir, los primogénitos con su grasa. Y el *Señor* miró con agrado a Abel y a su ofrenda, pero no miró así a Caín ni a su ofrenda. Por eso Caín se enfureció y andaba cabizbajo.

paréntesis del autor

Tenemos a Abel, quien era obediente a los mandamientos de Dios y entregó sus primicias. Él llevó una porción de lo mejor que tenía y la entregó como ofrenda a Dios. Pero Caín no hizo eso. Caín le dio a Dios las migajas.

Bueno, cuando Dios vio esto, Él aceptó la ofrenda de Abel y lo bendijo, pero rechazó la ofrenda de Caín y eso desalentó a Caín. Caín envidiaba a su hermano. Él estaba enojado. Estaba molesto. Caín, el primer hijo del mundo, estaba en el camino pródigo hacia el país lejano. Dios vio lo que sucedía y sonó la alarma de alerta.

En los versículos 6-7 dice:

Entonces el *Señor* le dijo: "¿Por qué estás tan enojado? ¿Por qué andas cabizbajo? Si hicieras lo bueno, podrías andar con la frente en alto".

Dios, como Padre, dijo: "Escúcheme bien. No es muy tarde. Sé que ahora mismo te sientes desalentado. Sé que mi respuesta no era lo que querías. Sé que las cosas no han resultado como esperabas, pero *no es muy tarde*. Aún tienes la oportunidad para hacer lo correcto. Si hace lo correcto, aunque no quieras, todo estará bien".

Entonces Dios sonó la segunda alarma de alerta:

Pero si te niegas a hacer lo correcto, entonces, ¡ten cuidado! El pecado está a la puerta, al acecho y ansioso por controlarte; pero tú debes dominarlo y ser su amo.

NTV

Ahora subraye esta frase: "el pecado está a la puerta".

Dios ilustró cómo Caín se preparaba para abrir una puerta, pero encontró que al otro lado de la puerta le esperaba una decisión que destruiría a su familia y devastaría su propia vida. Dios el Padre vio que el primer hijo se acercaba a la puerta y puso su mano fuerte sobre ella. Él la mantuvo cerrada por un momento y, en un sentido, dijo: "Ahora, espere un momento, Caín. Presione pausa. Usted necesita respirar profundo y tienes que reconocer algo. Lo que está detrás de esta puerta, lo que se encuentra a unos pasos de ti, tiene el poder para destruirte. Lo que está detrás de la puerta busca dominarte. Caín, necesitas ser muy cuidadoso con lo que haces próximamente".

Y la alarma de alerta sonó mientras que Dios se alejó y dejó que Caín tomara su decisión. Tal y como lo hizo el padre en Lucas 15, Dios no iba a obligar a su hijo a tomar la decisión correcta. Cualquier padre sabe que por más que desee ese tipo de control, eventualmente, los hijos tienen que decidir por sí mismos.

Finalmente, Caín ignoró las alarmas de alerta y abrió la puerta. El versículo 8 dice:

Caín habló con su hermano Abel. Mientras estaban en el campo, Caín atacó a su hermano y lo mató.

Así que Dios se levantó temprano y alertó a Caín de que el camino por el cual andaba lo iba a llevar a la destrucción. Justo en el momento correcto, Él le habló a Caín y dijo:

"Mira, el pecado está a tu puerta". Necesitas estar alerta". Pero Caín no escuchó la alarma. Estaba sonámbulo y todo a su alrededor se vino abajo. En retrospectiva, muchos de nosotros podríamos identificar momentos como estos en nuestras vidas. Dios sonó la alarma de alerta, pero dimos la vuelta y seguimos durmiendo.

Con los años, he escuchado testimonios de AJÁ en la vida de otros y una de las preguntas que hago a menudo es: Cuando usted mira atrás, ¿puede ver cómo Dios trató de captar su atención aún cuando no lo sabía?

Un hombre quien estaba a punto de divorciarse de su esposa fue a la iglesia y el predicador comenzó con estas palabras: "Voy a decir algo que incomodará a muchos porque algunos piensan que Dios no odia nada, pero la Biblia dice, 'Dios odia el divorcio'". El hombre se levantó y se fue.

Años más tarde, luego de un divorcio doloroso, el hombre regresó y tomó una grabación de esa prédica. Él escuchó al predicador explicar que tal y como un padre odia el cáncer por lo que le causa a un hijo, así odia Dios el divorcio por lo que le causa a sus hijos. Él hombre me dijo que lloró mientras escuchaba las advertencias en el sermón porque sintió que el predicador describía lo que le sucedió a él y a su familia.

Una joven graduada de cuarto año estaba saliendo con un joven que no compartía su misma fe. Ella se convenció de que con el tiempo él se convertiría. Cuando las cosas comenzaron a ponerse serias, la líder de su célula la llamó y le advirtió lo que decía la Biblia acerca de tales relaciones. Ella escuchó y asintió con su cabeza, pero por dentro rehusó la advertencia.

Eso pasó hace seis años. Ahora ella tiene dos hijos y un esposo que nunca ha hecho una oración con ella y duerme los domingos mientras ella prepara a los niños para ir a la iglesia.

Como predicador, estoy completamente convencido de que parte del poder sobrenatural de la Palabra de Dios es que a menudo se intersecta con nuestras vidas cuando nos encontramos desesperados por la verdad. La Palabra de Dios nos habla cuando más lo necesitamos, tal y como el sistema GPS da un aviso cuando nos aproximamos a nuestra salida.

2. La voz de un amigo

Las alarmas de alerta que en ocasiones pueden ser las más efectivas en nuestras vidas son las palabras de las personas muy allegadas a nosotros. El hijo pródigo necesitaba un amigo así, pero estoy seguro de que era difícil conseguirlo en el país lejano.

Proverbios 27:6 dice: "Más confiable es el amigo que hiere que el enemigo que besa". Y a veces, en situaciones urgentes, una voz conocida que habla verdad es exactamente lo que usted necesita, pero rara vez es lo que usted quiere escuchar.

En Gálatas 2, Pablo escribe acerca de cuando su amigo y apóstol Pedro, se retiró de los gentiles porque temía ser criticado por los judíos. Pablo nos dice en Gálatas 2:11 cómo él manejó la situación:

> Pues bien, cuando Pedro fue a Antioquía, le eché en cara su comportamiento condenable.

Un buen amigo sonará la alarma de alerta. Ellos no lo quieren decir y usted no lo quiere escuchar, pero es la única manera en la que usted recapacitará.

Hace poco llegué al trabajo convencido de que lucía bien, a la moda. Vestía un polo rojo, pantalones caqui y unos Nikes blancos. Cuando entré a la oficina, un amigo miró lo que tenía puesto y dijo: "Oye, Zack Morris*, ¿qué le parece trabajar en la tienda Target?". Desde ese día, cuando mi juicio de moda regresa a los años 90, este amigo me llama Zack.[1]

De vez en cuando, todos necesitamos un amigo como este. Un amigo que nos alerte cuando descuidamos a nuestras familias por nuestros trabajos. Un amigo que nos diga algo cuando nuestras compras se salen fuera de control. Un amigo que nos rete a ir la iglesia más que unas pocas veces al mes. Un amigo que cuestione las nuevas relaciones que comenzamos.

3. Consecuencias futuras

Otra alarma de alerta puede ser un vistazo a las consecuencias futuras. A veces Dios nos permite ver las consecuencias que podrían tener nuestras decisiones actuales, como un pequeño accidente en un estacionamiento que nos puede salvar de un accidente de cinco autos más tarde o un cheque rebotado que nos refrena de entrar en una deuda incontrolable más adelante. Dios nos permite ver lo que nos espera si no despertamos.

Muchos confundimos esta alarma por una inconveniencia que sucede por coincidencia. Si el vistazo a las consecuencias no es lo suficientemente grande o doloroso como para captar nuestra atención, a veces le pasamos por el lado sin darnos cuenta. Pero cuando mira hacia atrás, estoy seguro de que podrá señalar momentos cuando Dios trató de captar su atención.

En los años ochenta y noventa había un programa de televisión llamado *Scared Straight*. El programa reunía ofensores juveniles—ladrones de autos y tiendas, y delincuentes

---

* Personaje del programa de televisión estadounidense "Saved By the Bell".

de la secundaria, de dieciséis años—para echarlos en la cárcel por un día.

Cuando miré las tomas iniciales de estos jóvenes, la idea sonaba un poco cruel al principio, pero entonces vi las entrevistas con los jóvenes *antes* de ir a la cárcel. Eran repugnantemente arrogantes. Se sonreían mientras se jactaban de lo fácil que sería pasar un día en la cárcel. Estaban ajenos a las realidades que implicaban estar en la cárcel. En una entrevista, algunos de los policías involucrados en el programa les dijeron a los productores del programa cómo estos jóvenes pensaban que la cárcel sonaba agradable, como si pudiesen comer, dormir y divertirse todo el día gratuitamente.

Mientras los jóvenes entraron a la cárcel, se pusieron la ropa anaranjada. A lo largo del día, ellos trabajaron en la cocina lavando platos e interactuaron con algunos de los convictos más aterradores. Las cámaras tomaron imágenes de las expresiones de los jóvenes; se les escapó el aire de valentía. Se podía ver que comenzaron a entrar en razón. La alarma de alerta sonó y ellos la podían escuchar.

El programa recibió sus críticas, pero creo que todos podríamos coincidir que un día difícil en la cárcel ahora es mejor que años tras las rejas más adelante. Y resultó ser que el miedo logró enderezar a muchos de los adolescentes que participaron del programa. Menos del diez por ciento del elenco original terminó en la cárcel. Pero hubo algunos que terminaron vestidos de anaranjado y con largos años de cárcel por cumplir. Quizás usted se pueda identificar con el lamento que ahora algunos sienten mientras meditan en las oportunidades que tuvieron para cambiar el curso de sus vidas.

4. Las experiencias a nuestro alrededor

Otra alarma de alerta que Dios nos envía puede ser las experiencias de personas que vivieron situaciones antes que nosotros.

Si usted estudia la vida de Caín en las Escrituras, encontrará su nombre mencionado varias veces en el Nuevo Testamento, y es usado siempre como un mal ejemplo. En otras palabras, Caín se convirtió en una alarma para advertirle a otras personas en el Nuevo Testamento. Los escritores del Nuevo Testamento señalan a Caín y nos dicen: "Miren, tengan cuidado de seguir los pasos de Caín, porque si lo hacen, esto es lo que les espera". Déjeme darle dos ejemplos de esto en el Nuevo Testamento:

> No seamos como Caín que, por ser del maligno, asesinó a su hermano. ¿Y por qué lo hizo? Porque sus propias obras eran malas, y las de su hermano justas.
>
> 1 Juan 3:12

> ¡Ay de los que siguieron el camino de Caín!
>
> Judas v. 11

Las Escrituras señalan a Caín como un ejemplo de lo que sucede si ignoramos la alarma y continuamos el camino hacia el país lejano. Es más, la Biblia es sorprendentemente franca en compartir las historias de personas que terminaron en el país lejano. El ser testigos de lo que otros experimentan cuando están lejos de la casa del Padre actúa como una alarma que nos invita a reaccionar antes de que nos alejemos más.

Hace unos años atrás, llevé a mi familia a un viaje misionero a la República Dominicana. Uno de los retos que experimentamos como padres fue mantener a nuestra hija lejos de los perros que deambulaban por las calles. Los perros en la República Dominicana son tan comunes como las ardillas en América. Están en todas partes.

Cuando mi hija estaba en segundo grado, amaba a los animales y no podía dejar de acariciar a los perros sarnosos. Podíamos caminar por un mercado y ella se detenía para acariciar a los perros de la calle. A veces tenía que cogerla al hombro antes de que extendiera su cachete para besarlos.

Como padres, mi esposa y yo tratamos fuertemente de ayudar a nuestra hija a entender lo serio que era esta situación. Pero a lo largo del viaje, ella aprovechó cada oportunidad que tuvo para darles amor a estos perros. Nuestra pequeña hija no podía contenerse. Ella tiene un corazón tierno, así que le atraía los perros más enfermizos, los que tenían heridas y cicatrices.

Una noche, luego de haber orado, ella me dijo: "Papá, después que ayudemos a la gente, ¿podemos ayudar a los perros? Quiero comprar unos vendajes para curarlos". La condición de estos perros le rompía el corazón, pero también era un peligro serio que ella fallaba en reconocer.

Yo sabía que tenía que captar su atención. Así que una mañana, me levanté temprano y me conecté en línea. Busqué vídeos de niños que se encontraban hospitalizados a causa de mordeduras de perros rabiosos. Los vídeos eran gráficos y hacían reflexionar. Cuando mi hija despertó, la llevé a la computadora y le mostré los vídeos de los niños heridos.[2] Mientras le mostraba los vídeos, dije: "Mira, te he hablado acerca de esto. Te advertí sobre estos perros. Has tenido problemas a causa de esto, pero no te alejas de ellos. Necesitas ver lo que le ha sucedido a otros niños que hicieron lo que haces".

Mientras ella veía el vídeo, lo pude ver en sus ojos. La alarma de alerta sonó. Algo sucede cuando vemos a otros experimentar las consecuencias de las decisiones que actualmente tomamos que nos pueden ayudar a entrar en razón.

Si usted se encuentra de camino hacia el país lejano, pare un momento y pregúntese: ¿Hacia dónde me llevará este camino? ¿Qué les sucedió a los que han tomado este camino? ¿Cómo le ha ido al compañero de trabajo que no fue honesto con su informe de gastos? ¿Cómo le fue a la vecina que pensó que podía coquetearle a otros hombres sin que su marido se diera cuenta? ¿Cómo le ha ido al compañero de colegio que intentó copiarse en el examen? ¿Cómo le ha ido a la empresaria que trabajó horas extras durante sus vacaciones y puso su trabajo antes que a su familia?

Las experiencias de otros le puede servir de advertencia: si usted sigue por ese camino, vas a terminar en el mismo lugar.

Una oración para que los que duermen, despierten

Una de mis historias favoritas del Antiguo Testamento se encuentra en 2 Reyes, donde el rey de Siria, un enemigo de Israel, envió un gran ejército a rodear una de las ciudades de Israel y a destruir al profeta de Dios, Eliseo.

Eliseo estaba con su criado cuando el enemigo atacó y ambos estaban rodeados. El criado estaba aterrado y le gritó a Eliseo. Mi sospecha es que gritó de pánico y le dijo a Eliseo: "¡Ay, mi señor! ¿Qué vamos a hacer?".

Eliseo respondió con una declaración extraordinaria. Él dijo: "No tengas miedo. Los que están con nosotros son más que ellos" (2 Reyes 6:16).

El criado de Eliseo miró a su alrededor pero no había nadie con ellos. ¡Estaban solos! Eran ellos dos contra un ejército. Entonces Eliseo hizo una simple oración por su criado. Él oró: "Señor, ábrele a Guiezi los ojos para que vea".

Más adelante dice: "El Señor así lo hizo, y el criado vio que la colina estaba llena de caballos y de carros de fuego alrededor de Eliseo" (2 Reyes 6:17). Sus ojos fueron abiertos y... AJÁ, de repente se dio cuenta de que las fuerzas celestiales los protegieron y no había de qué temer.

Y la oración que hizo Eliseo por su criado es mi oración para usted hoy. Dios, abre sus ojos y permite que ella pueda ver que aunque él la haya dejado, tú nunca la dejarás, ella no está sola.

Dios, abre sus ojos para que él pueda ver que su esposa es fría y dura solo porque ella no se siente lo suficientemente segura para ser vulnerable con él.

Dios, abre sus ojos para que él pueda ver que vive para impresionar a los demás y para glorificarse y esto solo lo llevará a sentirse vacío.

Dios, abre sus ojos para que ella pueda ver que ha convertido el deseo por tener una casa bien decorada y ordenada en algo más importante que tener una casa llena de paz y alegría.

Dios, abre sus ojos para que vea a su vecina que es una madre soltera con un hijo que no sabe cómo lanzar un balón de fútbol.

Dios, abre nuestros ojos para ver a los que tienen hambre y a nuestros vecinos que están heridos.

Dios, abre nuestros ojos y permítenos ver el orgullo que nos tiene ciegos, el pecado que nos ha endurecido, y las mentiras que nos han engañado.

Señor, oramos por AJÁ. Despiértanos.

Capítulo 3

UN MOMENTO DESESPERANTE

No sé qué le viene a la mente cuando escucha la frase *un despertar cruel*. Quizás alguna vez usted despertó a medianoche cuando de repente sonó el teléfono y era un número equivocado. Padre, quizás usted recuerde despertar a medianoche cuando sintió a su hijo medio extraño parado al pie de su cama, mirándole fijamente porque pensó que era cruel de su parte despertarlo.

Gracias a youtube.com, ahora usted puede ver a las personas despertar de la manera más cruel posible. He aquí algunos de mis despertares crueles favoritos:

Crema de afeitar y una pluma
Salsa picante en los labios
Un intercambio de frisas por un plástico de burbujas
Bocina de aire y aerosol *Silly String*
La cama envuelta en plástico
Cera caliente y un hombre peludo, sin camisa,
  dormido boca abajo.[1]

Digan lo que digan acerca de los despertares crueles, una cosa es cierta: son efectivos. Por un momento la persona se encuentra profundamente dormida y de repente despierta por completo.

En Lucas 15, el hijo pródigo iba hacia el lugar que Jesús llamó el país lejano. El país lejano es cualquier lugar donde tratamos de vivir independientemente del Padre. Al principio, el hijo pródigo parecía que la pasaba bien. La Biblia dice que él gastó todo su dinero en una vida desenfrenada. Pero eventualmente, la vida vivida alejada del padre se vino abajo.

La vida se tornó difícil.

El hijo pródigo no tenía dinero y luego llegó la hambruna a la tierra. Por un tiempo vivió desordenadamente y de pronto solo buscaba sobrevivir. Se encontró en una necesidad desesperada, Jesús dijo: "Tanta hambre tenía que hubiera querido llenarse el estómago con la comida que le daban a los cerdos".

Luego entró en razón.

Los desafíos y las dificultades de la vida tienen el poder de captar nuestra atención. A veces lo único que nos hará despertar es un despertar *cruel*.

Dejé de huir de Dios cuando...

Les pedí a mis amigos en Facebook que completaran esta oración: Dejé de huir de Dios cuando...

Aquí están algunas de las respuestas que obtuve:

Dejé de huir de Dios cuando...

... me di cuenta que había arruinado las cosas.

... toqué fondo.

... ella me pidió el divorcio.

... me escuché decir *soy un alcohólico*.

... la gente se enteró de mi secreto.

... la prueba de embarazo salió positiva.

... el camino por el cual caminaba llegó a una calle sin salida.

... desperté en el hospital luego de una sobredosis.

... estaba en el asiento trasero de un auto de la policía.

... fui despedido por malversación de fondos.

... la infidelidad fue descubierta el 4 de julio de 2009.

... me di cuenta que no tenía adónde ir.

De una manera u otra, la mayoría describió un momento en el corral de cerdos. A menudo Dios usa momentos de desespero para despertarnos. Es solo cuando las cosas comienzan a derrumbarse cuando al fin abrimos los ojos.

Circunstancias difíciles

Vale la pena notar que hay dos formas principales por las cuales llegamos al momento de desespero. Aquí hay dos categorías donde la mayoría de los momentos de desespero caben:

1. Circunstancias difíciles

2. Consecuencias merecidas

Encontramos que el hijo en Lucas 15 experimentó ambas. Él experimentó circunstancias difíciles:

"...vino una gran hambre en aquella provincia, y le comenzó a faltar..."

v. 14 JBS

Sabemos que no existe un buen momento para experimentar una hambruna, pero el momento no pudo haber sido peor para el hijo pródigo. Él no había hecho nada para causar la hambruna. Él no tenía control sobre la hambruna. No fue su culpa, pero en el momento menos oportuno, él se encontró en circunstancias difíciles.

La audiencia que escuchó a Jesús contar esta parábola sabía muy bien lo devastador que era una hambruna. Sucedían con frecuencia durante el tiempo de Jesús. Como yo, la mayoría de ustedes que leen esto no tienen idea de lo que verdaderamente significa hambre. El libro de 2 Reyes explica con detalles lo devastadora que fue la hambruna en Samaria al punto que la gente compraba excremento de paloma para comer. Leemos acerca de dos madres que estaban desesperadas, ellas acordaron en cocinar y comer sus propios bebés.

Así que, cuando Jesús habló de hambruna, las masas podían entender exactamente cuán difíciles eran las circunstancias del hijo pródigo. Pero no fue hasta que las cosas se pusieron difíciles cuando el hijo al fin tuvo un despertar espiritual.

He escuchado muchos testimonios acerca de AJÁ para saber que esto suele ser la norma en lugar de la excepción. Ninguno de nosotros escogeríamos pasar por momentos difíciles; pero si somos sinceros, en retrospección la mayoría de nosotros acordaríamos que los momentos de AJÁ han surgido a través de los momentos difíciles.

Eliminar hambrunas

Recientemente leí acerca de un experimento realizado por el psicólogo Jonathan Haidt. Él inventó un ejercicio hipotético muy fascinante. Los participantes del ejercicio recibieron un resumen de la vida de una persona para que la leyeran. El resumen era algo así:

> Jillian nacerá en agosto. A medida en que crezca, ella desarrollará dificultades de aprendizaje que le

impedirá aprender a leer a edad adecuada. Debido a esta incapacidad, ella luchará en la escuela por el resto de sus años escolares. A pesar de sus mejores esfuerzos, sus notas siempre serán promedios. En la escuela secundaria, Jillian será mejor amiga de una niña llamada Megan. Ellas compartirán secretos y serán inseparables durante su tercer año. Pero a Megan se le diagnosticará un cáncer muy raro y agresivo, y morirá justo cuando comience el cuarto año. Jillian lamentará su partida y sus notas serán un reflejo de su dolor.

Ella asistirá a un colegio, trabajará y tomará pocas clases. Un programa de dos años le tomará tres años y medio para completar y antes de entrar a un colegio del estado, Jillian estará involucrada en un accidente provocado por un conductor ebrio. El conductor ebrio le dará a su auto por detrás, empujándola hacia una intersección donde una familia de tres logrará desviarse. Ellos se saldrán del carril, le darán a un árbol y el hijo menor morirá. Aunque Jillian no sea la culpable, ella se culpará por la muerte del niño y terminará en una depresión profunda.

Eventualmente ella ingresará a un colegio del estado y completará su licenciatura y trabajará para una compañía que distribuye comida. Ella amará su trabajo. Justo cuando le espere una promoción, la compañía experimentará un golpe económico que los obligará a despedir a varios de sus empleados, incluyendo a Jillian. En medio de una crisis económica, Jillian luchará por conseguir empleo y eventualmente se irá en bancarrota, venderá su casa y se mudará para un estudio para sobrevivir. Aunque luchará por salir adelante, la economía hará su lucha aún más difícil y pasará unos años sobreviviendo día a día.

Ella eventualmente encontrará otro trabajo, pero debido a su bancarrota y temporada de desempleo, no podrá retirarse de la manera que pensó ni podrá generar la cantidad que ganaba. Ella tendrá que trabajar hasta la vejez y volver a reconstruir su vida.[2]

En la próxima parte del ejercicio, los participantes tenían que imaginar que Jillian era su hija. Esta era su inevitable historia de vida. Ella aún no ha nacido, pero pronto nacerá y esta era la vida que le esperaba. Los participantes tenían cinco minutos para cambiar la historia de Jillian. Con borrador en mano, ellos podían eliminar lo que quisieran de la vida de Jillian.

La pregunta para los participantes era: ¿Qué borraría primero?

Muchos de nosotros natural y francamente borraríamos sus dificultades de aprendizaje, el accidente de auto y la lucha económica. Amamos a nuestros hijos y quisiéramos que vivieran una vida sin estas luchas, dolores y fracasos. Todos quisiéramos que la vida de nuestros hijos fuera libre de dolor y angustia.

Pero pregúntese: ¿Será eso realmente lo mejor?

¿Realmente pensamos que una vida privilegiada y libre de dificultades hará a nuestros hijos feliz? ¿Qué tal si usted borra una dificultad que los despertará a orar? ¿Qué tal si borra la dificultad que los enseñará a mantener el gozo a pesar de las circunstancias difíciles? ¿Qué tal si usted borra el dolor y sufrimiento que terminará en el momento catalizador que Dios usará para que ellos clamen a Él? ¿Qué tal si usted borra la circunstancia difícil que los despertará al propósito de Dios para sus vidas?

Quizás suene un poco fuerte, pero el contribuidor número uno para la madurez espiritual no son los sermones, libros, células; el contribuidor número uno para la madurez espiritual son las circunstancias difíciles. Le puedo decir esto por experiencia personal, a través de leer libros que miden el crecimiento espiritual y las historias de miles de personas que me han contado a través de los años. AJÁ es producto de sufrimiento, contratiempos y luchas en la vida. Muchas personas podrían identificar esos momentos como su mayor despertar espiritual.

Mi amiga Lori perdió a su hija de diecisiete años en un terrible accidente de auto. Seis semanas más tarde su hijo fue enviado a Irak. Nadie está preparado para perder a un hijo, pero enfrentar el temor de perder a otro hijo que se ha ido para la guerra... Esta era la peor pesadilla de Lori. Lo que empeoró la situación era que ella se había separado de su esposo el año previo. A pesar de los esfuerzos por parte de sus amigos y familiares, ella se sentía completamente sola. En este momento desesperante, ella se dio cuenta de que el único que podía escuchar su corazón era Dios. Ella se vio sin otra opción y no tenía para dónde ir así que regresó a la iglesia. Lágrimas corrieron por sus mejillas mientras adoró a Dios durante su primer fin de semana en la iglesia. Antes de que su mundo se viniera abajo, ella no tenía tiempo para Dios, pero en su depresión clamó a Él todos los días.

Aún había lágrimas cuando ella compartió su testimonio conmigo, pero estas lágrimas eran de alivio mientras hablaba del poder redentor de Dios. Él renovó su deseo de propósito. Ella y su esposo volvieron a comprometer sus vidas a Dios y el uno al otro. Recientemente, su hijo regresó de Irak y se casó.

Por más dolorosa que haya sido esa temporada en su vida, ella mira hacia atrás y ve un despertar espiritual increíble. En Proverbios 20:30 la Biblia esencialmente dice que a veces se requiere de experiencias dolorosas para hacer que cambiemos nuestro rumbo. Y a veces es así.

A veces se requiere de cáncer para hacernos despertar a lo que tiene valor eterno.

A veces se requiere de una despedida de empleo para llevarnos a una vida de oración más profunda.

A veces se requiere de un corazón roto para que finalmente dejemos a Jesús entrar.

Las circunstancias difíciles no siempre logran despertarnos; a veces lo que provoca es que nos demos la vuelta, cubramos nuestras cabezas con la almohada y volvamos a dormir. A menudo, el desaliento en la vida producirá dos reacciones muy distintas: clamamos a Dios en desespero o nos alejamos de Dios. Puede que digamos: "Bueno, Dios no está cumpliendo con su parte. Mira lo que me ha tocado vivir. Esta no era la manera en que se supone que mi vida termine. Si Dios no va a estar allí por mí, yo no voy a estar aquí por Él".

En el libro de Job en el Antiguo Testamento, Satanás aseguró que ante las circunstancias difíciles, Job iba a responder con alejarse de Dios. Job vivía lo que muchos llamaríamos la buena vida. Job 1:2-3 dice:

> Tenía siete hijos y tres hijas; era dueño de siete mil ovejas, tres mil camellos, quinientas yuntas de bueyes y quinientas asnas, y su servidumbre era muy numerosa.

De allí leemos una circunstancia difícil tras otra. Él perdió a sus hijos cuando el viento hizo caer una casa encima de ellos. En el capítulo dos Job fue afligido con llagas que cubrían su cuerpo de la cabeza a los pies. Lo perdió todo. Su dinero, sus hijos, su salud, todo desapareció. Su esposa había visto suficiente. En 2:9 ella le dijo a Job: "¿Todavía mantienes firme tu integridad? ¡Maldice a Dios y muérete!". Pero en medio del dolor, Job experimentó un despertar. Al final del libro él le dijo a Dios: "De oídas había oído hablar de ti, pero ahora te veo con mis propios ojos".

AJÁ.

En medio del dolor, Job vio a Dios más claro. La alarma de alerta sonó, y sus ojos fueron abiertos y en su desaliento él no se distanció de Dios; todo lo contrario, se acercó.

Redimir el dolor

Ahora mismo hay alguien que lee este libro y se encuentra en circunstancias difíciles. En su dolor y desaliento, hay una parte de usted que se quiere alejarse de Dios. Pero no desperdicie ese dolor. Escuche la alarma de alerta y despierte.

En 2 Corintios 7:10 leemos: "Pues la clase de tristeza que Dios desea que suframos nos aleja del pecado y trae como resultado salvación" (NTV). No dice que "Dios causa," dice "Dios desea" y Él quiere usar estas circunstancias para atraernos a Él.

Recientemente, mientras manejaba, escuché parte de una entrevista con un hombre llamado Gerald Sittser, un profesor en Whitworth University.

Hace unos años, Gerald estuvo en un accidente de auto. Él y algunos miembros de su familia se encontraban en una camioneta cuando una persona ebria chocó con ellos. En el accidente, él perdió tres generaciones. Perdió a su mamá. Perdió a su esposa. Perdió a su pequeña hija. De alguna manera él sobrevivió el accidente sin una herida física. En esta entrevista de radio, él habló de cómo se sentía experimentar una pérdida como esta. Más adelante él escribió un libro titulado *Recibir la gracia escondida* donde describe su experiencia a través de este proceso difícil. Y esta fue su conclusión:

La experiencia de pérdida no tiene que ser el momento determinante de su historia.

Él continuó diciendo que el momento determinante puede ser nuestra respuesta a la pérdida. En fin, nuestra historia no tiene que ser una de pérdida; puede ser una acerca de cómo respondimos a la pérdida.

Cuando circunstancias difíciles se avecinan, cuando hay una hambruna en la tierra, ¿cómo responderás? Si usted se lo permite a Dios, Él utilizará estas circunstancias para levantarlo y acercarlo más a Él.

Consecuencias merecidas

A veces Dios logra captar nuestra atención a través de circunstancias difíciles, pero más a menudo Dios nos lleva a un momento de desespero a través de consecuencias merecidas.

En la parábola del hijo pródigo, Jesús señaló que el hijo gastó todo su dinero en vivir desordenadamente. Nadie más era culpable de eso. El hijo llegó al país lejano; él se divirtió en grande por un tiempo; y luego de comprar tragos por varias noches y hacer fiestas, se quedó con la copa y la billetera vacía. Se le fue el dinero y no había nadie a quien culpar más que a él mismo. Sus consecuencias eran fruto de sus propias acciones y decisiones.

Él se encontró entre los cerdos, tan hambriento que deseaba llenar su estómago con las algarrobas que estos comían. Si no se hubiese ido de la casa de su padre y si no hubiese malgastado su dinero perdidamente, él no se hubiese encontrado en esta posición.

Las consecuencias de nuestras decisiones pueden ser una alarma disonante que nos hace despertar y recapacitar. Cuando usted se encuentra en el país lejano, es solo cuestión de tiempo en que sus decisiones le alcancen. Ese momento desesperante es el momento para clamar a Dios.

Hace unos meses atrás estaba predicando en una iglesia en Las Vegas. Era un domingo en la mañana y mientras iba de camino para la iglesia me detuvieron por manejar "ebrio". Hay una razón por la cual esa palabra está entre comillas. Yo no estaba ebrio. Sin embargo, yo había tomado unas decisiones equivocadas que condujeron a ese momento.

Decisión equivocada #1: Cuando me bajé del avión y me dirigí hacia el mostrador del alquiler de autos, decidí que con mi encanto iba a actualizar mi alquiler a un auto convertible, lo que resultó ser muy fácil. La temperatura afuera estaba a 114 grados y todos los convertibles estaban disponibles. Así que, un domingo en la mañana manejé un Mustang convertible amarillo con el techo abajo.

Decisión equivocada #2: No se suponía que yo me quedara en el Strip, pero como yo quería estar en medio de la acción, reservé un cuarto en el hotel Holiday Inn que quedaba detrás de un casino. Tal parecía que salía del casino, en un convertible con la parte superior abajo, un domingo en la mañana.

Decisión equivocada #3: Iba un poco tarde esa mañana, así que salí un poco despeinado. Digo un *poco* despeinado, pero honestamente, parecía un loco con la camisa por fuera, mi cabello gloriosamente peinado tal y como desperté, y mis pantalones más estrujados de lo normal. En el momento, no pensé mucho de la situación. Pensé que podría arreglarme el cabello y verme presentable cuando llegara a la iglesia. Así que parecía que había salido del casino, manejaba un convertible temprano en la mañana y parecía víctima de una trasnoche.

Decisión equivocada #4: Paré en la gasolinera la noche antes para comprar goma de mascar y decidí comprar IBC

Root Beer. Me encanta IBC Root Beer, pero a mi esposa no le gusta porque viene en una botella de cristal y es más cara.

Quedaba un poco y decidí terminar la botella mientras manejaba con mi cabello despeinado y ropa estrujada, saliendo del casino en un auto convertible con la parte superior abajo, un domingo en la mañana.

Decisión equivocada #5: Cuando el oficial de la policía me detuvo por estar "ebrio", la situación me pareció muy graciosa. Me comencé a reír y no podía parar y esto es lo que suelo hacer en situaciones totalmente inapropiadas.[3] Esto frustró al oficial, quien me explicó que no era un asunto gracioso. Mientras intentaba de contener la risa, yo le expliqué que no estaba ebrio sino que iba de camino para la iglesia.

A lo que él respondió: "Eso es exactamente lo que una persona ebria diría".

Mientras el oficial caminó a su auto, mi risa disminuyó.

Cuando se encontraba en su auto, solo me quedaba una sonrisa.

Ya cuando él comenzó a hablarle al radio con mi licencia en mano, comencé a darme cuenta de la seriedad de la situación.

Recorrí mis pasos, y mis cinco decisiones equivocadas se volvieron obvias. De pronto me dio un malestar en el estómago (la equivalencia emocional a comer un burrito de frijoles en menos de noventa segundos). Me di cuenta que todo se había vuelto en algo que no era, y que se podía volver en algo peor. Así que mientras esperé por el oficial en mi convertible amarillo, ¿sabe lo que comencé a hacer? Orar, y con gran fervor, debo añadir.

A veces no nos damos cuenta de las decisiones equivocadas que tomamos en el momento, pero el peso de las posibles consecuencias nos puede ayudar a ver estas decisiones con claridad. Y el momento en que las consecuencias de nuestras decisiones nos alcanzan, es una invitación a clamar a Dios por ayuda.

El profeta Jonás experimentó esto después que Dios le dio la tarea de predicar contra el pecado en la ciudad de Nínive. Es importante que usted entienda que Nínive no era conocida como un lugar turístico. Era una ciudad poderosa en Asiria. Los asirios eran una potencia mundial temida por la gente por su crueldad. Ellos no solo conquistaron una nación; ellos practicaron genocidio y eran conocidos por torturar a sus enemigos. El profeta Nahúm en el Antiguo Testamento habló de la ciudad de Nínive y dijo:

> ¡Ay de la ciudad sedienta de sangre, repleta de mentira, insaciable en su rapiña, aferrada a la presa!...los cuerpos amontonados, los cadáveres por doquier, en los que todos tropiezan.
>
> Nahúm 3:1-3.

Usted entiende, ¿verdad?

Este era el último lugar donde Jonás quería ir, así que decidió tomar un bote hacia la dirección opuesta. Nínive estaba a 600 millas noreste, pero Jonás se dirigió hacia Tarsis que se encontraba a 2000 millas en dirección opuesta. En un sentido literal, Jonás huyó de Dios y se dirigió hacia el país lejano.

Jonás iba en un bote hacia Tarsis cuando Dios envió una tormenta violenta. Cuando estoy en un bote, cualquier tormenta es mala. ¿Pero una tormenta enviada por Dios? Esta tormenta era de las que agitaba el bote como un juguete en una bañera. Las vigas del barco se estremecían con amenazas de romperse por las olas violentas. La Biblia dice que los marineros estaban aterrorizados. Las cosas no se veían bien. Cuando los profesionales marítimos tiemblan del miedo, es una señal de que algo anda mal. Los marineros clamaron a sus dioses y se rindieron ante la esperanza de vencer la tormenta. Es como si el piloto de un avión anunciara por el altoparlante: "Amigos, el tiempo está tempestuoso. He perdido el control del avión y tengo mucho miedo ahora mismo. ¿Podrían ponerse a orar? Por cierto, estoy por abrir la bodega de carga y dejar todo nuestro equipaje caer al suelo". Eso fue lo que el capitán del barco de Jonás hizo.

Mientras la tripulación dejó ir la carga del barco, el capitán les dijo a todos abordo que oraran, entonces encontró a Jonás escondido en la parte baja del barco. ¡Sorprendentemente, Jonás dormía en la parte inferior del barco! Cuando el capitán pagano vio que Jonás dormía en el casco del barco, lo estremeció hasta despertarlo y le dijo: "¿Cómo puedes dormir? ¡Levántate y clama a tu dios! Quizá nos tome en cuenta y no nos deja morir".

Y éste es el lugar donde algunos de ustedes se encuentran. Usted duerme durante la tormenta. Todos los que se encuentran a su alrededor lo pueden ver, pero usted duerme en medio de un peligro inminente. Usted necesita que alguien lo levante.

Como pastor, estoy familiarizado con este rol. Muchas veces he tenido que correr hacia el sótano para encontrar a alguien que dormía en medio de una tormenta en su vida, y tener que despertar a la persona. Déjeme jugar el papel de capitán por un momento, porque puede que usted lea este libro y necesite despertar y clamar a Dios.

Al esposo que tiene un matrimonio que se está cayendo en pedazos, pero parece estar indiferente y muy distraído con vídeo juegos o golf para luchar por su esposa. ¡Despierte!

Al estudiante de colegio que ha desarrollado el hábito de emborracharse y acostarse con desconocidos. ¡Despierte!

A la madre que le grita a sus hijos y no recuerda la última vez que se arrodilló a los pies de su cama para orar por ellos. ¡Despierte!

Al padre que se va a trabajar antes de que sus hijos se levanten y regresa después que se hayan ido a dormir. ¡Despierte! ¡Recapaciten! Hay una tormenta y no hay tiempo para perder. No se engañen en pensar que las personas más cercanas a usted se podrán escapar de la devastación de su tormenta. Su jornada hacia el país lejano no solamente le afectará a usted sino a todos los que forman parte su vida.

Cuando Jonás huyó de Dios, los marineros estaban aterrorizados y comenzaron a tirar sus pertenencias al mar. El huir de Dios destruyó las vidas de las personas a su alrededor.

Así que no soy el único que le grita que despierte.

Es un amigo, un esposo, un padre que grita: "¡Despierta!".

Es la voz de un niño que dice: "¡Mamá, despierta!" o "¡Papá, despierta!".

La desesperación revela dependencia

A menudo, nuestros momentos de desespero revelan nuestra dependencia inherente en el Padre. Siempre fue verdad; solo tuvo que tomar un momento de desespero para que entráramos en razón. El haberse quedado sin dinero y la hambruna que lo obligó a llegar a un corral de cerdos, lo llevaron a una desesperación que reveló que él había dependido de su padre toda la vida, *y aún dependía de él.*

Póngase a pensar: él creció en la casa de su padre; él comió del producto de los campos de su padre; él fue sostenido por la provisión de su padre y vistió con el dinero de su padre; y sació su sed en la fuente de su padre.

Para poder romper con esta dependencia de su padre, ¿adónde recurrió para obtener los recursos? ¡Su padre! Él fue al hombre de quien quería independizarse para obtener dinero para poder irse. ¡Hasta en su rebeldía dependía de su padre! Él malgastó su herencia en viajar hacia el país lejano y festejar como si fuese el último día de su vida, y no fue hasta que se quedó sin dinero que llegó al desespero.

Aquí está mi pregunta: ¿Cuán desesperada tendrá que ser su situación para que usted se dé cuenta de su dependencia? Eventualmente, el dinero se acabará y la hambruna llegará.

Su jefe lo llama a la oficina, lo sienta, y dice: "Lo siento; tenemos que reducir el personal".

El banco le envía una carta que indica *embargo de vivienda*.

Su arrendatario le entrega una notificación de desalojo.

Los acreedores llaman para cuestionar las facturas que aún no ha pagado.

Los resultados llegan con el diagnóstico de cáncer.

El teléfono suena; hubo un accidente.

El momento de desespero acontecerá, una situación difícil, quizás una consecuencia merecida, cuando usted se dé cuenta que su manera no funciona y que necesita a su Padre Celestial.

¿Qué tendrá que suceder?

De vez en cuando comparto con un grupo de presos de Cárcel Estatal de Kentucky. Ellos llegan al cuarto, uno a uno. No existe mucha pretensión u orgullo. Todos están vestidos iguales. Es fácil no querer impresionar a otros cuando todos lucen igual, un traje que declara su culpabilidad.

Los presos le pueden enseñar mucho a la iglesia acerca de autenticidad y transparencia. La última vez que estuve con ellos les hablé acerca del hijo pródigo y cómo él tuvo un despertar cuando entró en razón. Luego, uno de los presos se me acercó y me mostró una foto de su familia, su esposa y dos niños, que mantenía en su Biblia. Mientras miraba la foto, sus ojos se llenaron de lágrimas y me dijo: "Por mucho tiempo hice las cosas a mí manera, y no funcionó, así que ahora lo hago a su manera". Coloqué mi brazo sobre su hombro y le dije que estaba orgulloso de él. Pero mantuvo su mirada fija en la foto y añadió: "Desearía no haber tenido que llegar a este lugar para entrar en razón".

Al pasar de los años he notado algo que la gente a menudo dice luego de recapacitar y regresar del país lejano. Ellos dicen: "Bueno, tuve que tocar fondo". ¿Alguna vez ha escuchado eso? No sé porque nos decimos que tenemos que tocar fondo. Supongo que nos hace sentir mejor de cuán profundo caímos.

Escúcheme, no sé qué tendrá que suceder para que usted recapacite, pero sé que no tiene que tocar fondo. Puede despertar ahora. Puede entrar en razón hoy.

Capítulo 4

UNA REVELACIÓN DESLUMBRANTE

A mediados de los años noventa se convirtió muy popular una obra de arte que si usted la miraba bien, podía ver una imagen escondida. ¿Usted lo recuerda? Usted la miraba fijamente y de pronto una imagen 3D aparecía. ¿Le gustaba? ¡Yo las odié! Nunca podía ver la imagen escondida.

Un vecino y amigo mío llamado Terry Good tenía una que colgaba en su pared y cuando iba a su casa, miraba la obra de arte fijamente hasta que sentía que mis ojos iban a sangrar. Él se paraba a mi lado y me decía: "¿La ves? ¿Y ahora? ¿La puedes ver ahora?".

Y yo le decía: "¿Ver qué? No veo nada".

Entonces él me decía algo como: "Tienes que verdaderamente *querer* verla".

Bueno, ¿qué se supone que hiciera? Ya mi vista penetraba la imagen lo suficiente y no podía ver nada. Él trató de ayudarme con un consejo: "Hagas lo que hagas, no parpadees". ¿Ha intentado no parpadear? Cuanto más usted se esfuerce por no parpadear, más fácil se le hará poder verla. En serio. Ponga este libro a un lado ahora mismo, fije su mirada en algo y dígase a sí mismo una y otra vez que no puede parpadear. Eventualmente decidí que la imagen 3D era un chiste o que Terry se fumaba algo.

Un día, luego de luchar con el instinto de parpadear por 27 minutos, ¡de pronto la vi! Era un bote que flotaba por las nubes. ¿Sabe cuál fue mi reacción? Una decepción masiva. Pero este es el punto: por mucho tiempo yo miraba fijamente a la foto que estaba delante de mí, y no podía ver nada. Pero de repente la vi.

¿Alguna vez ha tenido ese tipo de alerta repentino? Cuando al fin vio algo que estaba justo delante de usted. El hijo pródigo entró en razón cuando se encontró en el corral de cerdos, tan hambriento que deseaba comer la comida de los cerdos para llenar su estómago y se dio cuenta de que las cosas no tenían que ser de esa manera.

En Lucas 15:17 leemos acerca de su revelación deslumbrante:

> Por fin recapacitó y se dijo: "¡Cuántos jornaleros de mi padre tienen comida de sobra, y yo aquí me muero de hambre!

¿Ha experimentado un momento así? El Espíritu Santo abre sus ojos, y usted ve algo que antes no podía ver. Una revelación deslumbrante que cambia todo.

Hace un tiempo atrás una esposa me contó la historia AJÁ de ella y su esposo:

> Mi esposo y yo tuvimos un momento AJÁ hace dos años atrás cuando de repente nos dimos cuenta que vivíamos como fanáticos de Cristo en lugar de ser cristianos completamente comprometidos. Descubrimos que Jesús quería que nos rindiéramos por completo a Él. En ese momento decidimos rendir nuestras vidas por completo a Dios. Poco tiempo después, sentimos

adoptar a una niña de Etiopía. ¡Para ese entonces no sabíamos que el plan de Dios era que adoptáramos tres hermanos! ¡Nuestra vida nunca había sido tan loca, pero tampoco nos habíamos sentido tan completos o tan alegres!

Un padre me contó cómo por los últimos siete años él oraba por su hija—por la vida entera de su hija—para que Dios la usara de manera poderosa. A su vez, por tres años, él le pedía a Dios que la sanara de un cáncer mortal. Por medio de su enfermedad, ella tuvo la oportunidad de testificarle a las enfermeras y doctores acerca de su fe en Jesús. A raíz de ver la fuerza sobrenatural con que la niña batallaba con su enfermedad, varios miembros de su familia extendida comenzaron a ir a la iglesia. Un día el padre oró la misma oración que siempre hacía por su hija—que Dios la usara poderosamente—pero cuando él oró que Dios la sanara por completo, le vino una deslumbrante revelación que casi podía escuchar a Dios preguntarle: "Bueno, ¿cuál quieres? Has orado su vida entera para que fuera un gran testigo y ahora lo es".

Jesús lo dijo de esta manera: la verdad te hará libre.

¿Ha tenido momentos como estos? ¿Momentos donde usted se ha dado cuenta de algo como nunca antes?

Usted se dio cuenta de que intentaba vivir una vida cristiana con sus propias fuerzas en vez de con el poder del Espíritu Santo.

Usted se dio cuenta de que realmente no seguía a Jesús; seguía una lista de reglas y rituales.

Usted se dio cuenta de que su lucha con la comida era su intento de satisfacer su alma con llenar su estómago.

Usted se dio cuenta de que le ha puesto una presión

increíble a su relación romántica porque ha buscado que su pareja haga lo que solo Dios puede hacer por usted.

Usted se dio cuenta de que está estresado por dinero porque tiene su confianza puesta en el dinero en vez de en Dios.

Usted se dio cuenta de que por mucho tiempo luchaba con la culpabilidad y vergüenza porque usted pensó que ser lo suficientemente bueno le iba a salvar en vez de confiar en la gracia de Dios para salvarle.

De repente se dio cuenta de una verdad.

La verdad siempre ha sido la verdad, pero por alguna razón, usted no la podía ver antes. Como el hijo pródigo, era el momento y el lugar oportuno y al fin la revelación deslumbrante lo despertó y entró en razón.

Silencio y tiempo a solas

Para que el hijo pródigo al fin llegara a esta revelación deslumbrante, él tuvo que haber tenido tiempo a solas. Tiempo para pensar. Quizás esta era la primera vez en un buen tiempo que él pasaba tiempo a solas. Aun así, no fue su decisión. Él no tenía dinero, sus amigos lo abandonaron, una hambruna cubrió la tierra, y él llegó a un corral de cerdos. No había con quién hablar en el corral. No había nada que lo distrajera. Él se encontraba solo en el país lejano, distanciado del ruido, desperdicio y fiestas. No más amanecidas y dormir hasta tarde sin tiempo para estar sobrio para pensar y reflexionar.

Si usted necesita una revelación deslumbrante en su vida, comience con tiempo a solas y en silencio. Puede que usted se dé cuenta de que Dios ha tratado de captar su atención pero no lo ha podido escuchar. No es porque Dios no ha hablado lo suficientemente alto sino porque usted no ha estado lo suficientemente silencioso para escucharlo.

Imagínese que está en su casa viendo un juego. Tiene el televisor bastante alto, pero en la cocina alguien tiene la licuadora puesta, otra persona en la sala usa la aspiradora, y uno de sus hijos tiene la música a todo volumen en el pasillo. Usted piensa, *solo necesito subir el volumen.* Así que usted toma el control remoto para subir el volumen del televisor más alto, pero se da cuenta de que ya no sube más. Y aún no puede escuchar el juego.

¿Cuál es el problema? El problema no es el volumen. El problema es que usted necesita silenciar los ruidos que interfieren.

Cuando Dios nos habla, a menudo lo hace en los mementos donde estamos a solas y en silencio. Uno de los momentos AJÁ del profeta Elías con Dios fue en una montaña. Elías subió la montaña para encontrarse con Dios, pero cuando llegó, aún Dios no se le había revelado. Mientras Elías esperaba, hubo un viento fuerte que soplaba en el área, y Elías pensó: *Ah, Dios debe estar en ese viento.*

Sin embargo, el viento se detuvo y Dios no estaba en el viento. Entonces hubo un temblor de tierra que estremeció la montaña entera y Elías pensó: *Dios está en este temblor.* Pero Dios no estaba en el temblor. Y luego hubo un fuego que arrasó con el área y Elías pensó: *Bueno, Dios debe estar en el fuego.* Pero el fuego se descompuso y Dios no estaba en el fuego.

Estas son las formas en que esperamos que Dios nos hable.

Pero la Biblia nos dice que Dios le habló a Elías a través de un susurro suave. La traducción literal aquí nos habla de un sonido más suave que un susurro. La traducción NRSV describe el susurro como "un sonido de silencio apacible" (1 Reyes 19:12). Eso fue lo que Elías escuchó de parte de Dios.

Para muchos de nosotros, un poco de silencio y tiempo a solas son las únicas cosas que nos impiden experimentar una revelación deslumbrante. Pero sacar tiempo para estar en silencio y tener tiempo a solas no parece ser algo que hacemos con naturaleza. Cuando nuestras vidas se deshacen en el país lejano, nos desesperamos y queremos resolver las cosas con nuestras propias fuerzas.

Hace unos años atrás, mi hija menor estaba en el patio tratando de capturar mariposas. Para ese tiempo del año, nosotros teníamos muchas mariposas concentradas en una parte de nuestra granja. Yo observaba a mi hija tratar de capturar una mariposa desde adentro de la casa. Su gran deseo de capturar a una mariposa la tenía corriendo incansablemente por todo el patio. Más que agarrar a una, ella quería capturarla. Sus brazos volaban mientras corría hacia una mariposa muy hermosa, luego otra. Luego de varios minutos de observarla, me di cuenta de que mientras más se frustraba, más agresivo y violento se volvía su intento.

Al fin salí al patio y le expliqué cómo capturar una mariposa.

"Mira," le dije: "Sé que lo que te voy a pedir es muy difícil, pero si quieres capturar una mariposa, tienes que quedarte quieta y en silencio. Si puedes pararte en medio de ellas, quieta y en silencio, una de ellas se te acercará luego de unos minutos".

Ella estaba un poco escéptica, pero estaba lo suficientemente desesperada para intentarlo. Mantuve mi distancia, ella esperó y efectivamente, luego de unos minutos, una se detuvo en su rodilla. Y en el momento en que esa hermosa, pobre mariposa se paró en su rodilla, ella la capturó.

A veces queremos capturar AJÁ, pero muchas veces AJÁ no se puede capturar; se recibe. A menudo, a pesar de la intuición humana, esto simplemente requiere de silencio y tiempo a solas.

¿Tiene usted, en medio de su vida ocupada, momentos separados para estar en silencio? La Biblia dice en Salmos: "Quédense quietos". Dios dice: "Quédense quietos, reconozcan que yo soy Dios" (Salmos 46:10). Me gusta esta definición de quietud: silencio en el exterior y sumisión en el interior.

Recientemente, leí acerca de una iglesia en Inglaterra que grabó el "sonido del silencio" en un CD y lo repartió a la congregación con el reto de escucharlo una vez al día por una semana. La promovieron como la media hora de no escuchar absolutamente nada. Lo más loco de todo es que la iglesia ha vendido este CD a clientes alrededor del mundo.

Quizás usted no tenga una grabación del sonido del silencio a su disposición, pero yo quisiera animarle a que tome su Biblia y pase tiempo a solas y en silencio.

A menudo, AJÁ comienza con quietud.

Presioné el interruptor

Hace unos meses, un electricista fue a nuestra casa para montar una lámpara de techo en la cocina, porque esa semana yo estaba muy ocupado. Bueno, eso y el hecho de que soy el hombre menos diestro en los asuntos relacionados al mantenimiento de la casa que usted haya conocido.[1] Cuando el electricista llegó, instaló todo.

Él conectó todos los cables y luego fue a encender la luz. Nada sucedió.

Tengo que aceptar que me alegré secretamente por su fracaso.

Él reinstaló los cables y luego volvió a encender el interruptor, pero nada. Él desarmó todo, desconectó los cables y comenzó desde el principio. Pero aún no funcionaba.

Mi esposa observaba todo y comenzó a frustrarse, pensó que la lámpara que había comprado estaba dañada. Mientras tanto, yo analicé la situación[2] y estaba seguro de que el interruptor que él encendía no era el correcto. Él trató de encender el interruptor que se encontraba al lado del que yo pensaba que era el correcto. Pero yo no iba a decir nada acerca de mi hipótesis por temor de estar equivocado e incitar más broma y humillación por mi falta de habilidades.

Eventualmente, esperé hasta que él la volvió a instalar y caminé hacia la pared para encender el interruptor correcto. Inmediatamente la luz encendió. ¿Qué *le parece eso, Sr. Diestro?* Estaba frente a él; solo necesitaba a otra persona que encendiera el interruptor.

A veces en nuestras vidas, la revelación deslumbrante solo sucede cuando alguien con una perspectiva saludable nos ayuda a encender el interruptor. Para el hijo pródigo, y para muchos de nosotros, lo que verdaderamente ayudará es tiempo a solas y de silencio, pero a veces también necesitamos a alguien en nuestras vidas que nos diga la verdad.

En 2 Reyes 5 leemos acerca de un jefe del ejército que estaba en una necesidad desesperada de que alguien encendiera el interruptor.

Naamán era un competente y repudiado oficial del ejército para el rey de Siria, y la Biblia lo describe como un guerrero valiente. Pero la vida de Naamán comenzó a derrumbarse cuando fue afligido con una terrible enfermedad en su piel.

Luego de unas redadas en Israel, Naamán llevó a su casa a una joven israelita para que fuera criada de su esposa. La joven israelita le habló a su ama y dijo: "Ojalá el amo fuera a ver al profeta que hay en Samaria, porque él lo sanaría de su lepra".

Cuando la esposa de Naamán le dijo esto, él tomó la

bendición del rey para ver al profeta llamado Eliseo. El rey de Siria hasta envió una carta con Naamán al rey de Israel, una táctica de intimidación que leía: "Cuando te llegue esta carta, verás que el portador es Naamán, uno de mis oficiales. Te lo envío para que lo sanes de su lepra".

Traducción: "Más vale que usted sane a este hombre, o de lo contrario ya verá".

El rey de Israel tomó la carta y entró en pánico. ¿Quién no? Él rasgó su vestimenta en angustia y clamó: "¿Y acaso soy Dios, capaz de dar vida o muerte, para que ese tipo me pida sanar a un leproso?". Para ser justo con el rey de Israel, esta situación era injusta. El rey de Siria usó esta situación para crear otra excusa para hacer una redada en Israel y hacer guerra contra la gente de Dios.

Entonces el profeta Eliseo escuchó la angustia del rey le dijo que no se preocupara y pidió que le enviaran a Naamán. Así que Naamán se dirigió hacia el profeta de quien tanto había escuchado, con la esperanza de ser sanado.

Las Escrituras indican que Naamán cargaba con mucho equipaje. Leemos que tenía "treinta mil monedas de plata, seis mil monedas de oro y diez mudas de ropa" (2 Reyes 5:5). Así que Naamán llegó a la casa del profeta con su séquito, que incluía caballos y carruajes, ropa y materiales. Evidentemente Naamán iba preparado para ganarse su sanidad, independientemente de las órdenes del profeta. ¿Una misión hacia las afueras de Israel? Vamos para adelante. ¿Una montaña en específico que tendría que escalar o un pueblo que necesitaba conquistar? No era un problema. Naamán iba preparado para lo que fuera que el profeta le pidiera, con excepción, claro está, a la respuesta inesperada que Eliseo le dio.

Segunda de Reyes 5:10 dice: "Entonces Eliseo envió un mensajero a que le dijera: Ve y zambúllete siete veces en el río Jordán; así tu piel sanará, y quedarás limpio".

Parece una simple petición, ¿no?

Sin embargo, Eliseo había insultado a Naamán en todas las formas posibles con su mensaje. Naamán llegó a la puerta de Eliseo con su caravana, y el profeta ni siquiera salió a saludarlo. En su lugar, Eliseo envió un mensajero. Naamán no era el tipo de hombre que recibía mensajeros. Él *enviaba* mensajeros.

Como respuesta a su mensaje, Naamán se marchó enfurecido. En su coraje, comenzó a quejarse y dijo: "¡Yo creí que el profeta saldría a recibirme personalmente para invocar el nombre del Señor su Dios, y que con un movimiento de la mano me sanaría de la lepra!".

Naamán tenía una imagen en su mente de cómo esta interacción iba suceder. Él esperaba que el profeta mostrara algo de bombos y platillos. Encima de eso, Naamán no se iba a humillar en sumergirse en un río israelita. Continuó su queja: "¿Acaso los ríos de Damasco, el Abaná y el Farfar, no son mejores que toda el agua de Israel? ¿Acaso no podría zambullirme en ellos y quedar limpio?" (2 Reyes 5:11-12).

Malhumorado, Naamán estaba en una necesidad desesperada por AJÁ. A menos que experimentara una revelación deslumbrante, no iba a ser sanado. Él necesitaba que alguien encendiera el interruptor, pero ¿quién lo iba a hacer? ¿Eliseo, el profeta y hombre de Dios? No. ¿Quizás uno de los soldados que iba en la caravana? No. De todas las personas posibles, fue un criado.

Un criado se allegó al comandante malhumorado y esto fue lo que le dijo: "Señor, si el profeta le hubiera mandado hacer algo complicado, ¿usted no le habría hecho caso? ¡Con más razón si lo único que le dice a usted es que se zambulla, y así quedará limpio!" (2 Reyes 5:13).

El criado señaló una simple verdad. Naamán fue preparado para una gran aventura o una gran ceremonia de sanidad. Él fue dispuesto a pagar cualquier precio por ser sanado. Así que, ¿por qué no simplemente bañarse? De la manera más amable, el servidor dijo: "tenga un poco de humildad y báñese".

Naamán escuchó esas palabras y experimentó una revelación deslumbrante. Inmediatamente, Naamán fue al Jordán y se lavó siete veces. Dios lo limpió de su enfermedad y él regresó a Eliseo para expresar su despertar. En el versículo 15 Naamán declaró: "Ahora reconozco que no hay Dios en todo el mundo, sino solo en Israel".

AJÁ.

Mi pregunta es: ¿Tiene usted a alguien que pueda encender el interruptor cuando sea necesario? Muchas veces somos los últimos en ver la cruda realidad de nuestras propias vidas. Está justo delante de nosotros, pero por alguna razón fallamos en verla.

¿Tiene usted a un amigo así? ¿Le ha dado a alguien el permiso y la libertad de decirle la verdad aun cuando sea difícil?

En nuestras relaciones—aún aquellas más cercanas—tenemos la tendencia de comunicar un 95 por ciento de la verdad. No la llevamos a 100 por ciento. Pero ese cinco por ciento es lo que verdaderamente necesita ser comunicado. Más a menudo, la revelación deslumbrada sucede en el cinco por ciento de la cruda verdad. Todos necesitamos una relación con alguien que tenga el permiso de encender el interruptor cuando fallamos en hacerlo.

Recientemente leí un artículo en el *Montreal Gazette* acerca de un hombre llamado Pierre-Paul Thomas. Él nació ciego y solo podía imaginarse el mundo que otros le describían. Por años, él caminaba con un bastón blanco para evitar los obstáculos que se le presentaban. Pero a la edad de dieciséis años, Thomas se cayó por unas escaleras de un edificio de apartamentos y se fracturó la cara. Fue llevado de inmediato al hospital con los ojos hinchados. Un grupo de doctores se unió para reparar sus huesos. Meses más tarde él fue a ver al cirujano plástico para una consulta acerca de la reparación de su cuero cabelludo. El cirujano casualmente le preguntó: "Ah, mientras hacemos esto, ¿quisieras reparar tus ojos también?".

Thomas no respondió. Ni sabía cómo responder.

Poco después, Thomas tuvo su cirugía y pudo ver por primera vez. De pronto su mundo consistía de colores brillantes que nunca imaginó antes. Él menciona estar fascinado ante el florecer de las flores y los árboles.

Por más hermosa que sea la historia de un joven de dieciséis años quien pudo ver por primera vez, hay una triste realidad. Él pudo haber tenido la operación a temprana edad y ver cuando era más pequeño. Thomas aceptó que tal posibilidad era imposible y se resignó a la vida de ciego cuando, en realidad, pudo haber recibido el regalo de la vista hacia décadas antes.[3]

No quiero pasar ni un día más de mi vida perdiéndome lo que Dios quiere que yo vea ahora mismo. No quiero entrar en razón de aquí a veinte años si Dios me quiere despertar ahora.

Puede que sea un momento de desespero o un despertar deslumbrante, pero no puedo dejar de preguntarme si Dios trata de captar su atención ahora mismo.

Señor, abre nuestros ojos para que podamos ver.

PARTE 2
JUSTICIA TOTAL

Se dijo a sí mismo...

Capítulo 5

HABLARSE A SÍ MISMO

Hace unos años, fui a una barbería para recortarme.[1] Estaba sentado en una silla y observé que la señora que me recortaba no me dejaba de mirar por el espejo que estaba delante de nosotros. Inicialmente, no pensé nada sobre el asunto, pero mientras más intensa se volvía su mirada, más difícil se me hacía ignorarla. Finalmente ella dejó de recortarme y fijó su mirada por completo en mí. Ahora yo me miraba en el espejo también tratando de descifrar el problema. Pensé que ella me había recortado un lado más corto que el otro y buscaba la manera de arreglarlo. Le di un vistazo a mi cabeza y todo parecía estar bien. Pero la señora mantuvo su mirada fija en mi reflejo en el espejo con una expresión que decía:

"Hay algo mal contigo".

De momento ella notó que yo la miraba a ella mirándome a mí y su expresión cambió un poco. Ella subió una ceja y con su mirada dijo: "¿Ves lo que yo veo?". A este punto, temí preguntar, así que ambos volvimos a mirar mi reflejo en el espejo.

Hicimos esto por unos segundos más y entonces sin aviso alguno, ella me haló la oreja derecha y preguntó: "¿No lo ves?". Pero no lo veía, así que me haló la oreja más fuerte con la esperanza de que notara lo que ella acababa de descubrir. Yo seguía ajeno a lo que sucedía. Finalmente lo reveló: "¿Usted se ha fijado que su oreja derecha sobresale más que la izquierda?".

Y ahora ambos la mirábamos. Todo se volvió en cámara lenta.

¡Válgame! Pensé. Ella tiene razón. Yo me he levantado cada mañana y me he mirado en el espejo por más de treinta años y nunca lo había notado, pero esta mujer desconocida que me acaba de recortar, lo notó. Mi oreja derecha sobresale de mi cabeza más que mi oreja izquierda. ¿Cómo no lo había notado antes?

Mientras sudaba frío, traté de sacudirme del espanto que sentía. Ella seguía con su mirada fija en mí, como si tratara de medir cuánto más se asomaba mi oreja derecha de la izquierda. Sin saber cómo responder, pero con gran deseo de decir algo, pregunté: "Bueno, ¿hay algo... hay algo que usted pueda hacer sobre el asunto—usted sabe, para arreglarlo?".

Como ella trajo el tema, yo tenía la esperanza de que tuviera una solución. Quizás ella podía hacer algunos ajustes a mi recorte normal, quizás una capa un poco diferente en cada lado para balancear el otro lado. En cambio, ella me dijo: "No, creo que es una de esas cosas que tienes que aprender a vivir con ello".

Bueno, gracias mujer estilista. Gracias un millón. Usted me acaba de revelar algo que nunca podré olvidar. Ahora cuando me levante cada mañana, me voy a mirar en el espejo y voy a ver la oreja de Dumbo asomándose y me preguntaré:

"¿Por qué yo?". Y volveré a dormir con la esperanza de que mi oreja defectuosa se doble un poco durante la noche, y

por unas horas en la mañana, para por lo menos ser normal hasta que la oreja vuelva a asomarse.

Una mirada honesta en el espejo

¿Alguna vez ha aprendido algo sobre usted mismo o alguien le dijo algo y todo cambió? ¿Usted fue despertado a una realidad que nunca podrá ser borrada de su vida? AJÁ se trata de algo más que un alerta; requiere justicia total.

Uno de mis predicadores favoritos es un hombre llamado Fred Craddock. Él ahora mismo está en sus ochenta años, pero es considerado uno de los comunicadores de la Palabra de Dios más efectivos del siglo pasado. Recientemente leí un artículo acerca de él por la página web de CNN titulado: "A Preaching 'Genius› Faces His Toughest Convert".

La historia se trataba del padre de Fred Craddock, el Sr. Fred Craddock. Él no era cristiano y a menudo dudaba de la fe y criticaba a la iglesia. Otros predicadores que vivían cerca del Sr. Fred trataban de brindarle su amistad.

"Sé lo que quiere la iglesia", decía el Sr. Fred. "Un nombre más; una promesa más". Su padre estaba convencido de que la iglesia simplemente quería otro nombre para su membresía y otro dólar para su ofrenda.

Mientras su padre entraba en edad, él comenzó a experimentar serios problemas de salud. Un día, la madre de Fred lo llamó y le dijo: "Necesitas ir a ver a tu padre. Quizás no vivirá mucho tiempo". Así que Craddock visitó a su padre en un hospital de veteranos en Memphis, Tennessee. Él había perdido setenta libras. Los tratamientos de radiación lo destruyeron. No podía comer. No podía hablar.

Craddock se enteró que aunque su padre no era parte de la iglesia, una iglesia local lo había visitado fielmente. Algunas personas lo iban a visitar y oraban con él. Personas de otras iglesias le traían comida a la casa y le enviaban cartas y flores. Y poco a poco conmovieron el corazón de su padre.

Un día, cuando Fred estaba sentado con su padre en el hospital, su padre extendió su brazo para tomar un pañuelo de papel que estaba cerca de su cama. Tomó una pluma y escribió algo. Fred se inclinó para leer las palabras de Shakespeare en Hamlet: "Vive con dolor en el cruel mundo para contar mi historia".

"¿Cuál es tu historia, papá?", preguntó Fred.

Los ojos de su padre se llenaron de lágrimas.

Él escribió tres palabras de justicia total: "Estaba equivocado".[2]

Hubo un alerta repentino que lo llevó a una justicia total, una honestidad franca.

Pero muchos de nosotros experimentamos un alerta, pero no pasamos a lo próximo. Si no podemos decir con franqueza: "Estaba equivocado", AJÁ no podrá ocurrir.

Hablarse a sí mismo

En Lucas 15 vemos el segundo ingrediente de AJÁ: Justicia total. En la Nueva Traducción Viviente, luego que el hijo pródigo recapacitó, el versículo 17 (JBS) dice:

> Y volviendo en sí, dijo...

No había nadie a su alrededor. Solo él y los cerdos. A veces la conversación más difícil es la que usted tiene consigo mismo. La justicia total comienza cuando nos miramos en el espejo y decimos la verdad acerca de lo que vemos. AJÁ requiere que usted se diga la verdad acerca de sí mismo. El hijo pródigo se dijo a sí mismo:

> ¡Cuántos jornaleros en casa de mi padre tienen abundancia de pan, y yo aquí perezco de hambre! Me levantaré, e iré a mi padre, y le diré: Padre, he pecado contra el cielo y delante de ti; ya no soy digno de ser llamado tu hijo; hazme como a uno de tus jornaleros.
>
> Lucas 15:17-19, JBS

Él fue franco consigo mismo acerca de lo que merecía. Ese tipo de honestidad es difícil. La persona más difícil con quien ser honesta es la persona en el espejo, y no me refiero a la mujer que lo recorta, me refiero a *usted*. Preferiríamos el alerta sin la justicia total.

Como la esposa que se levanta con su espíritu crítico, pero se niega a decir: "Me he equivocado en ser tan negativa. Sé que mi esposo necesita mi apoyo, pero sólo me quejo y critico".

Como el esposo que se da cuenta de su pecado sexual pero se rehúsa a decir: "Mi problema con la pornografía ha creado un conflicto en nuestro matrimonio y ha endurecido mi corazón hacia mi esposa".

Nadie quiere decir esas cosas. Nadie quiere mirarse en el espejo y aceptar:

> He escogido sentarme en el sofá a ver deportes en lugar de ser un líder espiritual en mi hogar.
>
> Voy de compras y gasto dinero que no tenemos para hacerme sentir mejor acerca de las cosas en la vida que no puedo controlar.
>
> No he tenido una fe real por muchos años. Pretendo ser alguien que no soy para impresionar a las personas a mi alrededor, pero la verdad es que soy un hipócrita.

Evitar la justicia total solo interrumpe un cambio duradero. Cuando hay reconocimiento sin arrepentimiento, AJÁ no puede ocurrir. Cuando el hijo pródigo recapacitó, él se enfrentó a sí mismo con la verdad. Un alerta tiene que conducir a la justicia total. La convicción tiene que conducir a la confesión.

Esta es la gran diferencia entre remordimiento y arrepentimiento. Muchos de nosotros experimentaremos un despertar y nos da pesar que las cosas hayan surgido de cierta manera, pero no nos arrepentimos de nuestra parte en el asunto. Sentimos remordimiento cuando alguien nota y señala nuestras faltas, pero preferimos engañarlos y demostrar que estamos bien en vez de confesar la verdad.

A lo largo de los años, hemos visto frecuentes confesiones públicas de parte de figuras políticas, deportistas y líderes de negocios. El suceso de eventos es predecible. Descubren a la figura pública y la exponen. Leemos relatos escandalosos en las noticias. En los días siguientes, la figura pública anuncia su disculpa oficial y generalmente se compromete a buscar algún tipo de ayuda profesional.

Susan Wise Bauer escribió un libro acerca de este tipo de disculpa. En el libro, titulado *The Art of the Public Grovel*, ella hace una útil distinción entre pedir disculpas y una confesión: "Una disculpa es una expresión de remordimiento: lo siento. Una confesión es reconocimiento de culpabilidad: Lo siento porque hice mal. He pecado".[3]

Como pastor es común que otros se me acerquen para confesar algún pecado o reconocer una lucha continua. Cuando hablo con la persona, muchas veces hay lágrimas mientras confiesan la verdad. Sé que es algo difícil de hacer y enseña humildad, porque he estado en ese asiento muchas veces. Pero una de las preguntas que he aprendido a hacer es: "¿Usted me confiesa esto porque fue descubierto?".

Casi siempre este es el caso.

Su esposo encontró el correo electrónico y la infidelidad emocional era evidente.

Sus padres encontraron la droga en el suelo del auto.

Su jefe al fin lo despidió por llegar ebrio al trabajo.

Ella no podía pagar su tarjeta de crédito y un caso en la corte se avecina.

Sus notas del colegio al fin fueron publicadas y el tiempo dedicado a fiestas afectó sus resultados.

Su prueba de embarazo llegó positiva y ella no estaba segura de quién era el padre.

Su hija entró y vio lo que él miraba en la computadora.

La mayoría de las veces, las confesiones que escucho son motivadas por descubrimiento. El hecho de que hayan sido descubiertos no significa que la honestidad no sea sincera, pero se hace más difícil de saber si escucho remordimiento o arrepentimiento.

Si usted es un padre, lo más seguro ha vivido esto con sus hijos. Si usted descubre a su hijo en la cocina en busca de algún dulce para comer a escondidas, el niño puede que diga: "Lo siento". ¿Pero es su disculpa honesta? ¿El niño pide disculpas por tomar una galleta sin permiso o porque fue descubierto? Usualmente el niño pide disculpas porque no tuvo un mejor plan de cómo agarrar la galleta.

Hebreos 4:13 dice:

> Ninguna cosa creada escapa a la vista de Dios. Todo está al descubierto, expuesto a los ojos de aquel a quien hemos de rendir cuentas.

Nuestro Padre Celestial lo ve y conoce todo, así que no se trata de ser descubiertos. La honestidad de la que hablo es más que simplemente reconocer que fallamos; es un tipo de quebrantamiento. Claro, usted le pide disculpas a la persona que lo descubrió, pero tiene que ir más allá. En un momento de honestidad cuando nadie se encuentra a su alrededor, usted debe decirse a sí mismo la verdad y saber que está arrepentido.

Esa es la diferencia entre remordimiento y arrepentimiento.

Así que, aquí está la pregunta: ¿Le ha dado seguimiento a su despertar con ser brutalmente honesto consigo mismo?

Si usted lee este libro en su casa, esto es lo que quiero que haga: levántese y vaya al baño. Cierre la puerta. Lea las siguientes preguntas una a una en voz alta. Luego de cada pregunta, mírese en el espejo y diga la pura verdad. Algunas de estas preguntas no se aplicarán a usted, pero espero que le motive a hacerse preguntas relevantes y difíciles.

1. ¿Pasó usted más tiempo en Facebook que en oración?

2. ¿Cuándo fue la última vez que usted le dijo a alguien: "Te amo"?

3. ¿Cuán específica ha sido su ayuda por alguien en necesidad durante el último mes?

4. ¿Cuándo fue la última vez que usted le dijo a alguien: "Estaba equivocado. Por favor perdóname"?

5. ¿Qué está grabado en el DVR de su casa? ¿Qué hay en el historial de su computadora?

6. ¿Cuándo fue la última vez que oró con su pareja? ¿Con sus hijos?

7. ¿Podrá nombrar un misionero por el cual usted ora?

8. ¿Qué pecado usted aún no le ha confesado a Dios o a otra persona?

9. ¿Cuándo fue la última vez que usted se sentó
con su Biblia abierta?

10. ¿Gastó más dinero en comida que en expandir
el reino de Dios?

11. ¿Cuándo fue la última vez que lloró por su
pecado?

12. ¿Quién más conoce sobre su pecado secreto
además de Dios?

Déjeme adivinar: usted ojeo las preguntas, pero no tomó
el tiempo para hacer el ejercicio.

¿Cómo sé esto acerca de usted? Porque sé lo que yo haría
si leyera este libro. Yo le daría un vistazo a los retos y pen-
saría, *lo entiendo. Entiendo el punto que el autor hace. Qué
hombre más profundo.* O algo así. Luego continuaría la lectura librándome de esta una vez más.

Mire, espero que usted realmente realice el reto.

Hasta crearía un receso aquí para que usted no se sienta
presionado a continuar la lectura. Hay algo poderoso en entrar en el cuarto silencioso, cerrar la puerta, mirarse en el espejo, y que se diga la verdad acerca de usted, a usted mismo.

Ser honesto con otros

Le adelanto que no le va agradar esta próxima parte. Usted
quizás pensará en razones por las cuales esta próxima parte
realmente no es pertinente a su situación y no aplica a usted.
Quizás usted buscará la manera de evitar esta parte y lo con-
siderará como un consejo útil en lugar de ser algo necesario.
Pero le digo, AJÁ no sucederá sin él.

La justicia total, la honestidad franca, comienza cuando
usted se dice la verdad acerca de sí mismo, lo cual es difícil,

pero el próximo paso es aún más difícil. Debe decir la verdad acerca de usted mismo a otra persona.

El hijo pródigo entendió que no había manera de evitar esto. Luego de decirse la verdad acerca de su situación y lo que él merecía, él se dio cuenta que necesitaba ser honesto con su padre. En Lucas 15:18 (JBS), él dice:

> "Me levantaré, e iré a mi padre, y le diré: Padre, he pecado contra el cielo y delante de ti".

Él reconoció que no era suficiente ser honesto con él mismo; él tenía que ser honesto con su padre. Muchos de nosotros no practicamos la confesión voluntaria. No cuando se trata de ser honestos con uno mismo, pero específicamente cuando se trata de confesarle a otros. Confesión voluntaria es cuando usted regularmente y voluntariamente reconoce su pecado y de manera honesta admite su debilidad a una persona en su vida. Para algunos de nosotros puede parecer un acto de autosabotaje.

Imagine que usted excede el límite de velocidad, va a ochenta millas por hora en una zona limitada a sesentaicinco millas por hora. Usted mira y se da cuenta de cuán rápido va y reduce la velocidad. Hay un despertar y usted es honesto consigo mismo. De seguro eso es suficiente. Pero imagínese que vea a un oficial de la policía al otro día y se acerque a él y le diga: "Oficial, quisiera informarle que ayer yo iba a ochenta millas por hora en una zona de sesentaicinco". Eso nunca sucede. No confesamos voluntariamente que hicimos trampa en un examen, que nos endrogamos, que le coqueteamos a un compañero de trabajo, o el haber perdido la paciencia. En su lugar, tendemos a confesar solo cuando hay una evidencia que nos acusa.

Es especialmente cierto para el caso de los cristianos. Si usted es un cristiano, usted sabe que hay ciertas cosas que no deben ser parte de su vida. Si usted no fuera cristiano, confesar y reconocer estas cosas no sería la gran cosa. Usted simplemente iría a un bar de deportes, a beber un par de cervezas, y diría con gran orgullo: "Me gusta la pornografía". Y algunos de los que frecuentan el bar levantarían sus copas en acuerdo. Pero cuando somos cristianos y luchamos con algo, nuestro instinto es esconder las cosas en vez de confesarlas.

Yo diría que es muy vergonzoso para los pastores. A través de mi ministerio, he sentido la presión de guardar cierta imagen. La gente me percibe como un hombre espiritual y santo y yo me he encontrado deseando proyectar ser más de lo que realmente soy. Y sé que cuando confieso mi pecado a otros, las palabras a menudo se quedan atoradas en mi garganta y comienzo a justificar todas las razones por las cuales es mejor ser visto y respetado como alguien que tiene su vida en orden. Nada que ver. He aprendido por la fuerza que a menos que esté dispuesto a ser brutalmente honesto con alguien, el proceso de AJÁ se detendrá.

Déjeme reconocer algo por un segundo: algunos de ustedes están leyendo esto y pensando: *No hay manera que yo le diga a alguien mis secretos. Sería una humillación compartir mis faltas.*

Sé cómo se siente. Sé cómo se me revuelve el estómago con tan solo pensar en decirle a alguien. Es vergonzoso. Me hace sentir como un niño tonto que no sabe qué hacer. Cuando usted va en la dirección incorrecta, ya es lo suficientemente difícil reconocerlo, pero la última cosa que usted quiere es que otros se enteren que se encuentra perdido. Pero considere la alternativa por un segundo. Cuando no compartimos estas luchas con otras personas, ¿qué opciones tenemos? ¿Pretender que sabemos hacia dónde nos dirigimos? Eso nunca ha funcionado, bueno, por lo menos no para mí.

Hombres, ¿alguna vez han estado de paseo cuando sus esposas les dicen que van en la dirección incorrecta? Mi esposa tiene un sentido de dirección tan acertado que irrita, así que esta es una situación normal para mí.

Recuerdo una ocasión en particular. Era nuestro primer año de matrimonio, y regresábamos de unas vacaciones en Branson. Manejé por carreteras alternas porque soy hombre y hay pocas cosas que disfruto más que tomar atajos.

Mientras manejábamos, mi esposa me dijo: "Esta no es la dirección correcta".

Lo ignoré la primera vez, pero cuando repitió su preocupación me puse a la defensiva. Ella siguió comentando y yo seguí manejando. Seguí por carreteras entre árboles, irritado por mi esposa haber dudado de mi habilidad de llegar a nuestra casa. Pero—y nunca le he dicho esto—luego de varios virajes, me fijé que ella tenía razón y yo estaba perdido. Manejé con seguridad y sin querer que ella supiera que yo oraba por dentro para poder ver el buzón, un tractor, cualquier cosa que fuera conocido.

En ese momento, tuve un despertar, pero me rehusé en reconocer la realidad de la situación. Esta fue la estrategia que me inventé; simplemente un momento espontáneo de genialidad masculina. Pensé, *voy a esperar a que ella se duerma. Entonces viro el auto.*

Y eso fue exactamente lo que hice.

Intencionalmente manejé en la dirección contraria por veinte minutos hasta que ella se durmió. Cuando finalmente se quedó dormida, me di la vuelta y aceleré hacia nuestra casa. Cuando llegamos a la entrada de la casa, la desperté y le dije: "Ves, amor. Estamos en casa. Te dije que sabía para dónde íbamos".

¿Soy acaso el único que hago esto? El único que se fija que va en la dirección incorrecta, tener un despertar, tener un reconocimiento repentino, pero en vez de ser honesto sobre el asunto, digo: "Voy a seguir".

Justicia que trae sanidad

En la primera parte de este capítulo, el reto era ser honesto con usted mismo acerca de sí mismo. Le di la tarea (que aún necesita hacer) de ir al baño, cerrar la puerta, mirarse en el espejo, y tener una conversación difícil con usted mismo. Pero la honestidad total tiene que ir más allá. Es tiempo de ser honesto con otra persona. Como el hijo pródigo, usted puede que tenga que ser honesto con la persona que ha ofendido o ha pecado en contra. Es posible que usted ya haya pensado en mil excusas de por qué esto no es necesario, pero cuanto más proteste en el interior, más va a necesitar sentarse con ellos y hablar.

Quiero retarle a que ore a Dios para que ponga a alguien en su vida con quien pueda ser totalmente honesto. El tipo de persona por el cual usted debe orar es:

- un cristiano que comparta sus convicciones;

- alguien quien será honesto con consigo mismo;

- alguien en quien pueda confiar;

- alguien que ha recibido la gracia de Jesús gratuitamente y quien la da gratuitamente.

Muchos cristianos entienden y aceptan la importancia de ser honestos con ellos mismos y con Dios. En 1 Juan, la Biblia nos dice que cuando le confesamos nuestro pecados a Dios, Él es fiel y justo para perdonar nuestros pecados y limpiarnos de toda injusticia. La Biblia también dice que Jesús tomó el castigo que nosotros merecíamos sobre Él cuando murió en la cruz. Jesús murió por nuestros pecados para que cuando yo los confesare, Dios los perdone.

Por lo general, nos decimos a nosotros mismos que no tenemos que ir más allá de un: "Si soy honesto conmigo mismo y con Dios, eso es suficiente". Pero AJÁ requiere más. En el libro de Santiago en el Nuevo Testamento leemos:

> Por eso, confiésense unos a otros sus pecados, y oren unos por otros, para que sean sanados. La oración del justo es poderosa y eficaz.
>
> 5:16

Cuando somos honestos con Dios acerca de nuestros pecados, Él nos perdona, pero cuando somos honestos con otros, encontramos sanidad.

¿Qué significa sanidad?

Bueno, la práctica de confesar nuestros pecados el uno al otro nos permite rendir cuenta y nos ayuda a encontrar el ánimo que necesitamos para romper con el ciclo de nuestra lucha. Cuando tomamos lo que hemos mantenido en secreto y la sacamos a la luz, encontramos que pierde el poder sobre nosotros.

Y la sanidad que habla Santiago es más literal de lo que usted quizás piense. Observe lo siguiente: un libro de texto de psicología contemporánea secular titulado *Coping with Stress* confirma el poder sanador de la confesión. El autor dice que: "Las personas que tienden a guardar secretos tienen, en promedio, más quejas físicas y mentales que aquellos que no… [incluyendo] mayor ansiedad, depresión y síntomas en el cuerpo, tal y como el dolor de espalda y dolor de cabeza… La vergüenza inicial de confesar, frecuentemente es sobrepasada por el alivio que trae el verbalizar los secretos oscuros encerrados en sí mismos".[4]

Proverbios 28:13 le hace eco a esto: "Quien encubre su pecado jamás prospera; quien lo confiesa y lo deja, halla perdón".

Capítulo 6

NEGACIÓN: SI LO IGNORO, TAL VEZ DESAPAREZCA

Mi esposa y yo vimos recientemente por televisión uno de estos programas tipo revista noticiosa que generalmente son así:

1) Identifique qué es lo más desagradable que las personas enfrentan a diario inconscientemente: pulpa de madera en la carne que venden en los establecimientos de comida rápida.

2) Desenmascare la situación en media hora.

Sé que suena ridículo, pero es el tipo de programa que si usted ve por cinco minutos, lo verá hasta el final. En este episodio en particular, el periodista visitó distintos hoteles. Con una luz ultravioleta en mano, el periodista entraría a las habitaciones y el brillo violeta de esta luz que revela la verdad iluminaría todo tipo de gérmenes y manchas que hubiera en la habitación. Estos gérmenes se reflejarían con el color neón brillante contra el cobertor de la cama. Esta es la forma más segura de que un esposo arruine todas las vacaciones románticas futuras con su esposa.

En una de las escenas más perturbadoras del programa, el periodista esperó en el vestíbulo del hotel a una víctima. Finalmente acorraló a una pobre pareja desprevenida—quienes probablemente hasta este momento se encontraban disfrutando de unas excelentes vacaciones—entonces les preguntó si querían someter su habitación al experimento que él realizaba con su luz ultravioleta. Ya en este punto mi esposa y yo involuntariamente comenzamos a hablarle al televisor:

"¡No lo hagan! ¡Esto arruinará su aniversario! ¡Huyan ahora mismo!"

Tristemente, la pareja accedió a llevar el equipo del programa a su habitación. Así que el esposo y la esposa, junto al periodista y su equipo de camarógrafos entraron al ascensor. En ningún momento el periodista mostró alguna señal de que sabía lo que estaba a punto de suceder. Mientras tanto, esta pareja se encontraba al borde de lo que sería un evento que los marcaría, sin embargo ellos, ajenos a lo que sucedía, compartían lo que habían visto en los museos de la ciudad. Entraron a la habitación con las luces encendidas. Todo lucía inmaculado, como si hubiesen limpiado la habitación recientemente. Mi esposa y yo hicimos comentarios de lo limpia que estaba la habitación y cuán almidonadas estaban las sabanas de la cama.

Esta habitación podía pasar la prueba.

De momento, las luces se apagaron y hubo un momento de silencio como el que ocurre en una sala del cine antes de que salga el monstruo. La luz ultravioleta se encendió y aparecieron las manchas por todas partes. Increíblemente, esta habitación lucía peor que las que habían mostrado anteriormente. El color neón brillante alumbraba todo el lugar, incluyendo una gran mancha sospechosa en la alfombra. Mientras mi esposa y yo nos lamentábamos, escuchamos a la pareja entrar en pánico. La esposa comenzó a gritar. No se imaginará lo que gritaba una y otra vez: "¡Apague eso! ¡Apague eso! ¡Apague eso! ¡Apague eso!".

Luego de un par de segundos, ella se apresuró a apagar las luces ultravioletas. En un instante, todo regresó a la normalidad. Ella comenzó a tranquilizarse, mientras se reía nerviosamente. "¡Así está mejor!", dijo.

Sin embargo, umm... este es el asunto: *las manchas aún estaban allí.*

La pareja ya no podía verlas, pero eso no cambiaba la realidad de que las manchas todavía existieran.

La palabra que explica esto es *negación*. La negación consiste en apagar la luz ultravioleta en un esfuerzo por intentar que las manchas desaparezcan. Usted pretende creer que todo está bien aunque no sea así. Sigmund Freud define la negación de la siguiente manera: la negación es un mecanismo de defensa que ejerce una persona inconscientemente para evitar aceptar o dar cuenta de la realidad que circunstancialmente se vive.

En vez de ser brutalmente honestos, muchos de nosotros hemos decidido continuar en negación. Hemos sido confrontados con una realidad que es sumamente incómoda e inconveniente, pero decidimos continuar viviendo en una falsa realidad.

Recientemente leí acerca de otro ejemplo de negación. ¿Cuál cree usted que es la forma más común en la que reaccionan las personas cuando no tienen con qué pagar un estado de cuenta que reciben en su buzón? Tiene la respuesta: no lo abren.

La verdad incomoda demasiado, así que pretenden que todo está perfectamente bien. Por esta misma razón es que las mujeres que poseen un historial de cáncer de seno en su familia, generalmente son las que menos se someten a una mamografía. Por qué los hombres que tienen un historial familiar de enfermedades del corazón ignoran las señales de alerta. La evidencia puede estar presente, de hecho, puede ser abrumadora, pero la respuesta es:

"¡Apague eso!".

La negación de David

En 2 de Samuel 11-12, David era el rey de Israel, su ejército estaba en la guerra y regularmente conquistaban pueblos cercanos y sus fortalezas. David se encontraba en el mejor momento de su reinado. Durante este periodo de éxito, David cometió unos errores devastadores y, entonces, en vez de ser honesto acerca de su pecado secreto, David escogió la negación.

Todo comenzó una noche mientras David se encontraba en el techo de su palacio. La costumbre de las mujeres de la época era bañarse en las azoteas a ciertas horas de la noche. Como parte de sus baños ceremoniales, solo podían bañarse con agua que se recolectara naturalmente. Y, por supuesto, no podían obtener agua caliente al abrir el grifo, pero el agua del techo habría permanecido caliente gracias al calor del sol.

¿David sabía lo que se encontraría cuando saliera a la azotea?

Tal vez esta fue la versión de David encender el televisor y hojear los canales de *pague por ver*. Durante esta noche en particular, él vio a una mujer mientras se bañaba, se dirigió a su siervo y le dijo: "Averigua quién es esa mujer".

Sin embargo, el sirviente ya sabía la contestación. Le dijo: "Ella es Betsabé". Él no se detuvo ahí. Pienso que el siervo tragó hondo antes de añadir lo siguiente: "Se trata de Betsabé, que es hija de Elián y *esposa* de Urías el hitita".

(2 Samuel 11:3, itálicas añadidas). En otras palabras, "David, la mujer que estás deseando es la esposa de uno de tus soldados de confianza, y quien ahora mismo se encuentra en el campo de batalla".

Mientras leo acerca de esta situación que sucedió en la azotea, me parece que Dios le daba un alerta a David. Él utilizó al siervo para intentar llamar su atención. David ignoró la advertencia, invitó a Betsabé al palacio y adulteró con ella.

Poco tiempo después, Betsabé le envió una nota que consistía de dos palabras que cambiarían sus vidas para siempre: "Estoy embarazada" (v. 5). Este momento era el indicado para que David se diera cuenta de lo que había hecho y se dirigiera a un lugar de justicia total. Era el momento de sincerarse y confesar. Sin embargo, David permaneció en negación.

David planificó traer de vuelta al esposo de Betsabé del campo de batalla. *Tal vez*, pensó, *si Urías se acuesta con su esposa, él supondrá que el bebé es suyo.* Luego de algunas conversaciones con las tropas, David envió a Urías a su casa esperando que hiciera lo que todo esposo haría después de estar varias semanas lejos de su esposa. Sin embargo, Urías durmió en el pórtico en señal de solidaridad con sus compañeros de milicia que aún se encontraban en el campo de batalla.

Cuando David se enteró del acto de integridad de Urías, debía haberse arrepentido. El ver tanta honestidad y honra de parte de Urías debió haber provocado a David a ser justo y honesto consigo mismo. Era el momento indicado para dejar de vivir en negación. Era el momento de tomar la decisión difícil de confesar su pecado. En cambio, su estado de negación se agudizó.

David le pidió a Urías que se quedara un día más y en esta ocasión lo embriagó. Al servirle a este soldado fiel del "vino que nos deja tambaleantes" (Salmo 60:3 NTV), David tuvo otra oportunidad de ser honesto y sincero con su pecado. Sin embargo, continuó con su plan, con la esperanza de que, en medio de su embriaguez, Urías cediera ante la tentación de acostarse con su esposa. Pero Urías no se fue a su casa. Entonces, David se dio cuenta de que se le acababa el tiempo antes de que Urías regresara de la guerra. De repente, las opciones que le quedaban a David para lidiar con la situación se redujeron y se tornaron más desesperantes.

Jim Collins escribió acerca de esta verdad ética después de estudiar a altos ejecutivos que por alguna razón se desviaron. Él dice: "Si les hubieses dicho diez años antes: 'Oye, vamos a falsificar las cuentas y hagámonos ricos', ellos nunca lo hubiesen aceptado". Así es como extrañamente las personas se involucran en situaciones de las que más tarde se arrepienten. Él dice: "Cuando usted se encuentra en el paso A, parece inconcebible saltar hasta el paso Z. El paso Z involucra una violación total de sus valores. Pero si usted se mueve del paso A al paso B, luego al paso C y entonces al paso D, algún día despertará y descubrirá que se encuentra en el paso Y, en este punto llegar al paso Z es mucho más fácil".[1]

Así que David se encontró en el paso Y, pero en vez de elegir ser honesto, escogió ocultar la situación. Le escribió una carta a Joab, comandante del ejército, dándole la orden de que pusiera a Urías en el frente de batalla donde la lucha fuera más dura, luego le pidió que lo dejaran solo para que lo mataran.

David le dio la carta a Urías para que se la llevara a su comandante, así hizo que Urías cargara su propia sentencia de muerte.

Urías murió en plena batalla y David pensó que quizás el problema había terminado. Ahora podía continuar con sus planes y nadie se daría cuenta de lo que había hecho.

En algunas ocasiones quisiéramos que la vida fuera así, ¿no le parece?

Si tan solo con ignorar el problema, lográramos que desaparezca. Pero todos sabemos que un estado de cuenta de una tarjeta de crédito si abrir no evitará el problema. Por el contrario, cada día que pasemos en negación solo aumenta el balance de la cuenta, el cual tendremos que pagar tarde o temprano. La negación le conduce a un lugar al que nunca pensó llegar.

Enfrentarse a la realidad

No sabemos con exactitud cuánto tiempo le tomó al hijo pródigo despertar y reconocer la realidad de su situación. Terminó en un trabajo terrible, pero no hizo ningún cambio en su estilo de vida. Llegó al punto de desear la comida de los cerdos, pero tampoco realizó algún cambio. Tuvo que continuar con ese trabajo por un tiempo, a pesar de toda la evidencia que apuntaba a que las cosas no andaban bien.

¿Qué mantiene a una persona en un corral de cerdos? La negación.

Aunque le esté dando de comer desperdicios a los cerdos; aunque su esposa le haya pedido el divorcio; aunque no se haya mantenido sobrio ni por una semana en años; aunque se haga la misma promesa noche tras noche; aunque no se acuerde cuándo fue la última vez que se arrodilló a orar…usted sigue el curso de su vida como si nada estuviera sucediendo.

Préstele atención a lo que el hijo fue honesto. Él dijo en Lucas 15:17: "¡Yo aquí me muero de hambre!".

Tómese un momento y mire a su alrededor. ¿Dónde se encuentra usted? Defina la realidad de sus circunstancias.

La palabra *realidad* podría definirse como "el estado de las cosas tal y como existen".

Por ejemplo, puede ser que alguien reconozca que tiene que hacer cambios en sus finanzas. Todo va mal. Los cambios debían haberse hecho hace mucho tiempo, pero ahora la situación es desesperante.

La persona se da cuenta de lo que sucede. Bueno, darse cuenta es una cosa, pero otra muy distinta es ser honestos con la realidad. No obstante, la honestidad es el paso esencial a seguir. Esta persona debe decirse a sí misma la realidad acerca de su situación financiera. Esto quiere decir que debe observar cómo está gastando su dinero, reconocer cuándo la compra es innecesaria y frívola, revisar todas sus deudas y poner las cartas sobre la mesa.

Es humillante.

Es vergonzoso.

Es doloroso

Es esencial.

Pero aquí es que muchos de nosotros nos quedamos atorados. Tenemos un alerta, pero no falta la valentía de ser totalmente justos y honestos con nosotros mismos acerca de nuestra realidad.

Las tres tácticas de la negación

I. Estar en desacuerdo

¿Alguna vez se ha encontrado en medio de una discusión con alguien que estaba terriblemente equivocado, pero persistió en estar en desacuerdo con usted? Eventualmente resulta claro que su desacuerdo tiene poco que ver con los hechos y más que ver con lo que ellos quieran que sea la verdad. Como dice un viejo refrán: "No me interesan los hechos; mi decisión ya está tomada".

Hace unos años hablé con un joven que se había criado en mi iglesia y se encontraba de regreso en su casa durante un receso académico. Cuando nos encontramos, le pregunté cómo le iba en su primer año de universidad y él me preguntó si podía hablar conmigo por unos minutos.

Así fue como comenzó la conversación: "Oye, quería hablar contigo porque por los pasados meses he estado estudiando la Escritura y he llegado a la conclusión de que el sexo antes del matrimonio no es pecado".

Él fue inteligente y articulado e intentó explicarme su manera de pensar. Entonces le mostré algunos pasajes de la Biblia en los libros de Tesalonicenses y Hebreos acerca de la honra del matrimonio y la intimidad en el matrimonio, luego hablamos acerca de algunas palabras griegas y sobre algunas definiciones distintas del sexo y cuál de todas era la que Dios tenía en mente para el matrimonio.

Después de haber hablado por un rato, finalmente dijo: "Mira, tal vez eso era lo que significaba para esas personas en ese momento de la historia, pero muchas cosas han cambiado, y por lo tanto el significado de esto también ha cambiado. No creo que lo que era verdad para ellos siga siendo verdad para nosotros. Tiene que ver con una diferencia cultural".

Aunque este chico sabía lo que era bíblico y correcto, quería adornar su elección por el pecado ocultándolo dentro del contexto de un desacuerdo acerca de cómo interpretar el versículo. Finalmente le dije: "¡Mira, no te conozco del todo y no sé mucho acerca de tu vida, pero permíteme llegar a una conclusión. Creciste con la enseñanza de que el sexo fuera del matrimonio está fuera de la voluntad de Dios. ¿Es esto correcto?".

Él me contestó: "Sí, eso es correcto. Crecí con la idea de que era pecado. Sin embargo, ya no creo eso. No creo que sea pecado".

Le dije: "Ok, permíteme llegar a otra conclusión si me lo permites. Mi conclusión es que tienes novia... y estás teniendo relaciones sexuales con ella. ¿Es esto correcto?".

Silencio.

Finalmente me dijo: "Sí, pero no tiene nada que ver con esto".

Eso es negación.

Nos mentimos a nosotros mismos porque es más fácil creer una mentira.

Según dijo Blaise Pascal: "La gente llega invariablemente a sus creencias no sobre la base de la prueba, sino sobre la base de lo que encuentra atractivo". En otras palabras, queremos engañarnos a nosotros mismos acerca de nuestra realidad y acerca de lo que creemos si esto significa que podemos obtener lo que queremos.

La Biblia le llama al momento en el que somos totalmente honestos y nos hablamos a nosotros mismos con la verdad—aun cuando no es lo que queremos escuchar—confesión. AJÁ no sucede sin esto. Existen muchas formas en las que se puede entender y definir la palabra *confesión,* pero aquí incluyo una de ellas: estar de acuerdo. Usted llega al punto de dejar de estar en desacuerdo con la verdad y decir con honestidad: "Aquí estoy".

2. Defenderse

Tengo un amigo que es entrenador personal. Intento no tener amigos así, pero de alguna manera sucedió. La realidad es que aunque somos amigos, lo evado cada vez que estoy fuera de forma.[2] Me siento mal cuando estoy cerca de él porque lo miro y me fijo en sus brazos musculosos que parecen un muro de piedra, entonces observo mi abdomen rechoncho y detesto la vida por unos pocos segundos. Pero me como un helado con galletas y todo vuelve a la normalidad.

Inevitablemente, cuando estoy con él, tengo la sensación de que mira mi barriga detenidamente. Generalmente me pregunta: "¿Cómo va tu dieta y tu rutina de ejercicios?". Lo pregunta sin juzgarme y estoy seguro de que su preocupación es legítima, pero aún así estoy a la defensiva.

Yo le diría: "No sé, ¿tu vida de oración y la memorización de versículos bíblicos cómo siguen? ¿Cómo *te va* con esa rutina?".

Claro, esto lo digo desde un lugar seguro y distante.

El estar a la defensiva generalmente revela un área de nuestras vidas en el que estamos en negación. Por esta razón muchos de nosotros evadimos a los entrenadores personales. Solemos evadir a las personas y alejarnos de los lugares en los que nos veamos forzados a ser brutalmente honestos. He descubierto la razón por la cual hay personas que se desaparecen de la iglesia por periodos de tiempo. Cuando hablo con las personas que regresan a la iglesia después de un periodo de meses o años, generalmente dicen lo siguiente:

"Cuando fui a la universidad, comencé a fiestear y creo que en ese momento dejé de asistir a la iglesia…"

"Mi matrimonio no estaba muy bien y cuando inicié los planes de divorcio, dejé de asistir a la iglesia…"

No sé si se dan cuenta de la conexión que están haciendo.

Ellos evitaron estar alrededor de personas o evadieron los lugares donde probablemente serían confrontados con la verdad de lo que sucedía en sus vidas.

Así es como respondemos a las manchas de nuestra vida. Estamos sentenciados a ellas. La luz de la Palabra de Dios las ilumina, brilla sobre ellas. Reconocemos: *Oh, ahí están las manchas*. Pero no queremos lidiar con ellas, así que mantenemos la luz de Dios lejos de los lugares secretos de nuestra vida y pretendemos que todo anda bien. Intentamos mantener esta ilusión. Evadimos los momentos de honestidad porque algunas veces la verdad duele. Aquí está el ungüento: AJÁ no sucederá hasta que dejemos de estar a la defensiva.

3. Distracción

Es fácil vivir en negación en una sola área de nuestra vida si todas las demás áreas nos mantienen distraídos y si marchan bien. Esta debe haber sido la realidad de David. La vida personal de David se estaba deshaciendo, pero en el ámbito profesional todo continuaba perfectamente bien. La nación de Israel experimentaba su mejor momento. Habían vencido a sus enemigos y el reino estaba floreciendo.

Es como el adicto al trabajo que recibe una promoción y recibe el premio del Vendedor del Año, pero ignora totalmente que su hijo adolescente fuma marihuana y que su esposa se siente totalmente sola.

Es como la madre que mantiene su casa intacta. Se pasa decorando y limpiando, pero parece no darse cuenta de que sus hijos simplemente entran a sus habitaciones y cierran la puerta.

Es como el joven de veintitantos años que se conoce todos los programas de televisión, pero no se da cuenta de que sus amistades cada vez son más superficiales.

Hace poco me di cuenta de ese último ejemplo, porque como dije al inicio de este capítulo, me llaman la atención los programas de televisión. A veces veo un programa que se llama *Pesadilla en la cocina*.

Si nunca ha visto el programa, aquí está el concepto resumido: un chef de renombre mundial llega a restaurantes donde estén—usted acertó—viviendo una pesadilla. Generalmente estos restaurantes están a punto de cerrar y necesitan ayuda desesperadamente. Lo interesante es que la mayoría de estos restaurantes lucen muy bien desde el exterior. Con frecuencia, los dueños han gastado grandes cantidades de dinero para poder conseguir un lugar perfecto y para crear un ambiente acogedor para los clientes. Sin embargo, en cada episodio el verdadero problema es el mismo: la comida es desagradable.

Una de las partes más dolorosas, aunque muy entretenida, del programa es cuando Gordon Ramsay, presentador del programa, intenta una y otra vez de que los empleados del restaurante se den cuenta de que están en una situación ¡Oh, no! Los dueños ya tuvieron un pequeño alerta a la realidad, porque la empresa está en graves problemas, pero lo que ellos necesitan es una dosis de justicia total. Y el chef Ramsay es muy duro al confrontar. Generalmente ordena casi media docena de los platos que hay en el menú y con gran pasión y sinceridad expresa lo horrible que sabe cada uno.

Los dueños del restaurante están en negación en cuanto a la calidad de su comida se refiere debido a que se encuentran distraídos con todo lo que está sucediendo a su alrededor. Distribuyen las órdenes de comida, supervisan a los empleados, salen de la cocina para saludar a los clientes—todo menos procurar que la comida sea de buena calidad. Aun en la mitad del programa ninguno, ni los empleados ni los dueños, es honesto con la realidad de lo que sucede.

Anteriormente mencioné que la palabra *realidad* podría definirse como "el estado de las cosas tal y como existen". Esto puede ser difícil y doloroso, pero la mayoría de las veces para experimentar AJÁ hay que comenzar por atravesar un momento de ¡Oh, no!

El momento ¡Oh, no! de David

Pasó un año y David continuó viviendo en negación. Su reinado fue exitoso, escribiendo salmos y ganando batallas, pero aún tenía que reconocer su pecado. Él lo ocultó y le colocó un vallado. No había sido honesto y tampoco se había quebrantado. Dios le dio tiempo, pero no quiso confesar, así que Dios envió al profeta Natán para que tuviera un "momento chef Ramsay" con David.

Natán fue a hablar con David y le dijo: "David, algo ha ocurrido. Hay dos hombres en tu reino. Uno es rico y tiene muchas ovejas, una gran manada. Pero su vecino es pobre y tan solo tiene un cordero.

Este cordero es como un hijo para el hombre pobre, porque es lo único que tiene. El cordero come de su mesa y duerme a los pies de su cama. Pero David, esto es lo que acontece: el hombre rico, el que tiene todas las ovejas, invitó a un amigo a su casa y decidieron que para la cena querían comer unas costillas de cordero. En vez de tomar una de sus ovejas, el hombre rico fue hasta la casa de su vecino pobre y tomó su cordero. Lo robó, lo preparó a la barbacoa y se lo dio de comer a su amigo. ¿Qué podemos hacer David?"

David se puso furioso. Él pidió justicia para el hombre pobre y dijo: "¡El hombre que hizo esto merece la muerte!" Entonces Natán lo detuvo y dijo cuatro palabras:

"Tú eres ese hombre".

Después de múltiples intentos de ocultar lo que había hecho y un año completo de negación, finalmente David se quebrantó. Al fin fue honesto consigo mismo, con Natán y con Dios.

La única cura para la negación es la confesión.

Todos quisiéramos saltar esta parte de AJÁ. Después de tener un despertar, estamos listos para continuar con nuestras vidas. Sin embargo, para lograr un verdadero cambio y una transformación real necesitamos confesar. La palabra para *confesión* en el Nuevo Testamento comúnmente quiere decir "reconocer". Usted reconoce la realidad de su situación.

El Salmo 51 es un registro de la oración de confesión de David. A través del quebrantamiento y de las lágrimas, por fin David se habló a sí mismo y a Dios con la verdad. Usted notará que él hace referencia a las "manchas" en su vida. Sin embargo, la reacción hacia las manchas no fue que apagaran las luces y seguir pretendiendo que todo estaba bien. No, él encendió la luz ultravioleta, expuso sus manchas y le pidió al Dios que lo limpiara.

> Ten misericordia de mí, oh Dios,
>> debido a tu amor inagotable;
> A causa de tu gran compasión,
>> borra la mancha de mis pecados.
> Lávame de la culpa hasta que quede limpio
>> y purifícame de mis pecados.
> Pues reconozco mis rebeliones;
>> día y noche me persiguen.
> Contra ti y solo contra ti he pecado;
>> he hecho lo que es malo ante tus ojos.
> Quedará demostrado que tienes razón en lo que dices
>> y que tu juicio contra mí es justo.
> Pues soy pecador de nacimiento,
>> así es, desde el momento en que me concibió mi
>> madre.
> Pero tú deseas honradez desde el vientre
>> y aun allí me enseñas sabiduría.
>
> Purifícame de mis pecados, y quedaré limpio;
>> lávame, y quedaré más blanco que la nieve.
> Devuélveme la alegría;
>> deja que me goce ahora que me has quebrantado.

> No sigas mirando mis pecados;
> quita la mancha de mi culpa. (NTV)

Deténgase.

Antes de que siga al próximo capítulo, lea el Salmo 51 nuevamente. Pero esta vez, *ore* las palabras de David.

Capítulo 7

LA PROYECCIÓN: NO ES MI CULPA, POR LO TANTO NO ES MI RESPONSABILIDAD

¿Se ha percatado de que cada vez hay más y más señales de precaución en todas partes? ¿Sabe usted por qué existen todas estas etiquetas de precaución? Puede ser porque en un momento dado, alguien demandó a la compañía por ese asunto en particular.

Cómo usted explica las etiquetas que vienen en los vasos de café que dicen: "Precaución: Puede ser que el café esté caliente". Probablemente alguien se quemó la boca o se derramó el café encima y luego demandó al restaurante. ¿Alguna vez ha visto la etiqueta en los coches de bebés que dice: "Precaución: Remueva al infante antes de cerrar el coche para guardarlo"? Increíble. El hijo de algún padre[1] distraído quedó plegado dentro del coche y demandó a la compañía. Un disfraz de Batman tiene una etiqueta de precaución que dice: "Precaución: La capa no le capacita para volar".

Antes que todo, sabemos que Batman no vuela. Es Superman. Pero debe haber habido un niño que probablemente se subió a su cama litera y se lanzó como un águila hasta el otro lado de su cuarto y quizás en el proceso se fracturó el fémur. La madre llegó corriendo y dijo: "¿Acaso este disfraz no tiene una etiqueta de precaución?".

Si no me cree, búsquelas usted.

Después de haber visto estas etiquetas en internet, no pude evitar darme cuenta de los avisos de precaución en todos los objetos de mi casa. El peor que encontré estaba en mi garaje. La etiqueta de precaución de mi sierra eléctrica decía: "No intente detener la sierra con sus manos".

Nuestra sociedad ha desarrollado una habilidad magistral de echarle la culpa a otros por sus decisiones tontas. En vez de ser brutalmente honestos con nosotros mismos, la mayoría de nosotros quiere culpar a otros. La palabra para esto es *proyección*. La proyección es cuando admitimos la realidad de un hecho desagradable, pero negamos nuestra responsabilidad. La negación es rehusarnos a admitir la realidad de un hecho desagradable, pero la proyección es admitir que la realidad existe sin hacernos responsables. Simplemente culpamos a alguien más.

Esto es más antiguo que el tiempo.

Vaya al libro de Génesis, donde leemos acerca del primer hombre y de la primera mujer, Adán y Eva. Ellos vivían perfectamente en el jardín del Edén. En Génesis 2:16-17, Dios les dijo muy específica y claramente lo que no podían hacer:

> Pero el Señor Dios le advirtió: "Puedes comer libremente del fruto de cualquier árbol del huerto, excepto del árbol del conocimiento del bien y del mal. Si comes de su fruto, sin duda morirás".
>
> NTV

Usted recuerda lo que sucedió. El enemigo llegó a la escena e hizo lo que solo él sabe hacer. Mintió. Les dijo que estaban perdiendo una oportunidad al decidir no comer la fruta de aquel árbol y que la única razón por la que Dios les había dicho que no podían hacerlo era porque no quería que llegaran a ser iguales a Él.

La Biblia dice que Eva le dio un buen mordisco a la fruta. Le dijo a Adán que estaba deliciosa y entonces él comió de ella. Dios confrontó a Adán y le preguntó: "¿Acaso has comido del fruto del árbol que yo te prohibí comer?" (Génesis 3:11). *Boom*. Ese fue un despertar brusco. Así que ¿cómo respondió Adán? Aquí está su respuesta:

> Sí, Dios. Lo confieso. Quebranté tu mandamiento.
> Pequé y no obedecí tu Palabra. Ahora mismo tomo la
> responsabilidad de mi rebelión. No lo merezco, pero
> humildemente te pido que me alcances con tu gracia
> y misericordia.

Bueno, no fue así exactamente. Cuando Dios confrontó a Adán en el versículo 12, esto fue lo que sucedió:

> Él respondió:
> "La mujer que me diste por compañera me dio de
> ese fruto, y yo lo comí".

Eso es proyección.

En vez de ser honesto y confesar su pecado, Adán le dijo a Dios: "La mujer que me diste...". En otras palabras: "Dios no es mi culpa. Es su culpa".

Mi esposa es muy diestra en las tareas del hogar y cuando está en el ánimo de arreglar algo, pero necesita ideas para realizar el proyecto, ella ve DIY Network. Generalmente no veo este canal de televisión con ella, pero hay un programa en particular que me agrada. El programa se llama *Renovation Realities*.

Cada episodio presenta a parejas que desean iniciar un proyecto de remodelación por su propia cuenta. Al igual que todos los "reality shows", lo que sucede en el programa es predecible. El disfrute viene cuando uno ve que sucede el desastre inevitable. Definitivamente, las parejas que participan no ven el programa porque si hubiesen visto tan siquiera un episodio, se darían cuenta de que ninguna de las renovaciones ha salido bien.

Así es como todo comienza.

La pareja se da un beso, se chocan las manos e inician la remodelación. Inicialmente, derriban los gabinetes para agilizar el proceso de eliminar la madera que desean cambiar. De momento se escucha una música de celebración mientras ellos disfrutan su progreso. No obstante, después del corte comercial, todo cambia. La nueva madera que compraron no tiene el color adecuado y además la dañaron mientras intentaban instalarla. Entonces presentan un vídeo de la esposa que no está contenta. Ella dice algo como esto: "Siempre supe que esto era una mala idea". Pero lo hizo. El esposo dice algo parecido a esto: "Tengo todo bajo control". Pero no es así. Entonces todo se torna desastroso. Los gabinetes lucen terribles debido a que se instalaron accidentalmente inclinados. Al ver esto, la esposa culpa al esposo por haber tomado las medidas mal, mientras que el esposo culpa a las esposa por hacer una orden con los tamaños equivocados.

Ese mismo fue el acercamiento de Adán. Solo había una persona más en el planeta junto a él y decidió culparla. También culpó a Dios por haber creado a Eva. Después de confrontar a Adán, Dios confrontó a Eva, quien en el versículo 13 del capítulo 3, respondió igual que Adán.

> Entonces Dios el Señor le preguntó a la mujer: "¿Qué es lo que has hecho?"
> "La serpiente me engañó, y comí" —contestó ella.

Cuando ambos fueron confrontados, en vez de ser brutalmente honestos, ambos culparon a alguien o algo.

Ser honestos en cuanto a la responsabilidad

La proyección es cuando justo después de un alerta repentino, damos excusas y nos justificamos. En vez de aceptar la responsabilidad, le echamos a otro la culpa:

Sé que estuvo mal falsificar los números, pero es que mi jefe tiene unas expectativas irreales.

Sé que no estuvo bien que hiciera plagio, pero todo el mundo lo hace.

Estuvo mal que perdiera el control de mi temperamento, pero es que debes ver el hogar en el que me crié.

Estuvo mal faltarle el respeto a mi esposo, pero es que él es demasiado pasivo.

Sé que no debo mirar eso, pero es que mi esposa ni siquiera quiere intentar.

Intente esto. Tan solo diga estas tres palabras:

"Soy un pecador".

Dígalo nuevamente. Esta vez un poco más fuerte.

"Soy un pecador".

En vez de permanecer en negación o en vez de proyectar sus errores en alguien más, el hijo pródigo fue honesto acerca de su realidad y dijo: "¡Yo aquí perezco de hambre!". Dijo: "He pecado". Hay algo hermoso en esa frase tan corta. Esas dos palabras lo colocaron en un camino que conduce a la libertad.

El juego de la culpa

Mientras estudio la historia del hijo pródigo, me sorprende la cantidad de personas a las que pudo haber culpado por el punto al que llegó, pero no lo hizo. Podía haber tomado el papel de víctima y optar por decir: "No es mi culpa", y luego culpar a alguien más.

Podía haber culpado a sus amigos. Hemos leído que el hijo pródigo fue hasta un país lejano donde gastó todo su dinero en fiestas. Es seguro suponer que derrochó su dinero comprando bebidas alcohólicas para un grupo de amigos que apenas conoció. Cuando el dinero desapareció, ellos también lo hicieron.

Podía haber culpado al dueño de los cerdos. Pudo haberse quejado de que no lo trataron justamente. Sin importarle el salario diario justo, el dueño de los cerdos ni siquiera le permitió satisfacer su apetito con la comida de los cerdos.

En vez de observar estos dos ejemplos, quiero que consideremos cuidadosamente quiénes eran los dos mejores prospectos para su proyección:

El padre

¿No cree usted que el hijo pródigo podía haber culpado a su padre por haber sido muy permisivo o muy pasivo? Después de todo, ¿qué tipo de padre le entrega toda la herencia a su hijo cuando este la solicita?

La madre y el padre siempre son un blanco fácil en cuanto a la proyección se refiere. En vez de aceptar la responsabilidad, muchas personas se tornan amargas y culpan a sus padres por la forma en que los criaron. En algunas ocasiones parece justo.

Recuerdo que cuando era pequeño mis padres nos daban conejitos de chocolate para la Pascua. Recuerdo que cada año pensaba *Quizás esta Pascua mis padres gastarán un poco*

más de dinero y nos comprarán un conejo de chocolate más
sólido. Pero cada año terminaba decepcionado otra vez. Mi
padre intentaba espiritualizar el momento: "Sí, hijo, está
hueco por dentro. Está vacío tal y como la tumba de Jesús la
mañana del domingo de Resurrección". Así que como niño
relacioné la resurrección de Cristo con amargura y decepción. Gracias, papá.

Está bien, admito que probablemente eso fue un poco se-
vero de mi parte.

No obstante, he escuchado de parte de algunas personas
este tipo de proyección cuando necesitan hacer cambios en
sus vidas. En una ocasión escuché a una madre soltera de
treinta y tantos años que no le costaba ser sincera acerca de
su realidad. Había estado entrando y saliendo de relaciones
amorosas toda su vida. La mayor cantidad de tiempo que
sostuvo un empleo fue dieciocho meses. Me admitió que
controlaba su depresión yéndose de compras. Como resultado, acumuló todo tipo de deudas en tarjetas de crédito. Sin
embargo, durante los primeros dos minutos de nuestra conversación, me dijo: "¿Qué se supone que haga? ¿No puedo
cambiar mi infancia, verdad?".

Siguió contándome acerca de que sus padres se divor-
ciaron cuando ella era pequeña y cómo después de esto ella
no tuvo mucho contacto con su padre. Su madre estuvo con
distintos hombres. Su padre volvió a casarse y comenzó una
nueva familia. En raras ocasiones ella fue a visitar su nueva
familia, pero nunca se sintió parte de ella. En muchas ocasiones le pidieron que les sacara una foto a su padre con su
nueva familia, pero rara vez la incluían. Luego de definir su
realidad por alrededor de cinco minutos, tardó quince minutos culpando a sus padres.

No se me hizo difícil simpatizar con ella. La verdad es
que sus padres cometieron muchos errores y la hirieron

profundamente durante su juventud mientras era vulnerable. Pero, ¿acaso fueron sus padres los que acumularon deudas en la tarjeta de crédito? ¿Fueron sus padres los que la hicieron renunciar a una docena trabajos? ¿Sus padres fueron los que le dijeron con quiénes tenía que relacionarse sentimentalmente? En vez de ser honesta consigo misma, terminó estancada en el corral de cerdos de la proyección. Mientras ella continúe diciendo: "No tengo la culpa", y siga culpando a sus padres, el verdadero AJÁ nunca sucederá.

La proyección es muy común en las relaciones matrimoniales.

Un matrimonio comienza a dar problemas y un cónyuge culpa al otro. No han ocurrido muchos cambios desde esa relación de Génesis. En vez de tomar responsabilidad, señalamos lo que nuestro cónyuge está haciendo mal. He escuchado a esposos y esposas confesar relaciones adúlteras y admitir abuso, en ambos casos sin ningún tipo de remordimiento porque se han convencido a ellos mismos de que son las víctimas. Lo hacen ver como si no hubieran tenido otra opción basándose en la forma en que los trataba su pareja.

Todos tendemos a proyectarnos en el matrimonio. En vez de asumir la responsabilidad, culpamos a nuestra pareja. Imagine que todos los días usted lleva el mismo almuerzo para el trabajo, un emparedado de ensalada de pollo. Usted se queja con sus compañeros de trabajo de que su almuerzo es siempre el mismo. Usted está cansado de comer emparedado de ensalada de pollo. Usted hasta le comentó a uno de sus compañeros que prefiere morirse antes de comerse otro emparedado de ensalada de pollo. Finalmente, alguien le pregunta: "¿Por qué no le pides a tu esposa que te haga algo distinto?".

Usted contesta: "En realidad yo mismo me preparo el almuerzo".

Esa es la realidad de muchos de nosotros. Finalizamos en

el país lejano bajo circunstancias muy difíciles y hacemos que parezca que es la culpa de alguien más, cuando la realidad es que nosotros mismos somos los que nos hemos preparado el almuerzo.

Hace unos años leí acerca de un ejercicio que hice con mi esposa y que nos ayudó a ser honestos con nosotros mismos y acerca de nosotros mismos en vez de recurrir a señalar a los demás. Saqué un pedazo de papel y le pedí a mi esposa que dibujara un círculo.[2] En el círculo escribimos todos los problemas y los retos que teníamos como pareja. Entonces cada uno trazaba una línea imaginaria, como dividiendo un pastel, especificando las áreas que le correspondían. Como esto resultaría difícil, ambos estuvimos de acuerdo con que esta parte del ejercicio era retórica por naturaleza. Era simplemente para establecer un punto, no pretendíamos trazar las líneas. Era demasiado difícil ser honestos con nosotros mismos acerca de los problemas de los cuales éramos responsables. Pero seguramente hubiésemos dibujado la parte del otro sin ningún problema. ¿Por qué? La proyección es mucho más fácil que la justicia total. El problema es que no nos saca del corral de cerdos.

Dios

Entre el hambre que había en la región y no poder conseguir un empleo decente, podía haber sido fácil para el hijo pródigo culpar a Dios por su situación actual. Raramente Dios se lleva el crédito cuando todo va bien, pero generalmente recibe la culpa cuando todo va mal.

Hace unos años, entré a un estacionamiento sumamente lleno. Después de hacer varias maniobras entre las filas de autos, finalmente conseguí un estacionamiento. Podía haber o no haber sido para autos compactos, pero tenía toda la intención de estacionar mi camioneta en ese espacio. Me metí a la fuerza en el espacio y suspiré de alivio. Miré hacia el cielo y vi unas nubes de tormenta arremolinándose, necesitaba apurarme. El viento soplaba y no quería quedar varado en el medio de la carretera cuando las nubes liberaran la lluvia.

Listo para hacer un viaje corto, comencé a bajarme de la camioneta. Cuando abrí la puerta, el viento literalmente la arrebató de mi mano. Vi cómo la puerta de mi auto golpeó la puerta del auto del lado, un Toyota Camry que lucía literalmente nuevo.

Le dejé la información del seguro de mi auto, pensando que podría cubrir los gastos del golpe. Unos días más tarde, me encontraba hablando por teléfono con mi agente de seguros mientras le explicaba cómo había sucedido todo y cómo el viento me había arrebatado la puerta de las manos. Entonces me dijo algo que me impactó. Me dijo: "Bueno, no fue su culpa". Le dije que era imposible que fuera culpa del dueño del otro auto porque en ese instante se encontraba en una tienda.

Mi agente me contestó: "No, no es su culpa, porque eso es a lo que le llamamos un acto divino".

Le dije: "¿Es serio es culpa de Dios? ¿No lo podemos juzgar por eso?". Entonces quiere decir que *acto divino* es un término legal. Así que en vez de asumir la responsabilidad por estacionarme demasiado cerca y por no aguantar la puerta suficientemente fuerte, tengo que culpar a Dios.

Y qué se supone que hagamos. Si su matrimonio no cumple con sus expectativas; si su hijo se rebela; si pierde su trabajo; si la economía colapsa; si hay hambre en nuestro país, lo llamamos acto divino.

De hecho, esta semana mientras trabajo en este libro, un tornado terriblemente poderoso impactó la ciudad de Oklahoma en Moore, Oklahoma. La cobertura de la noticia ha sido muy amplia y la pérdida de casas y vidas es trágica. Un vídeo en particular se tornó viral. En el vídeo una familia que se encuentra en un pequeño refugio en el sótano y tienen que salir después de la tormenta. El esposo sostiene la cámara y el lugar se ilumina al abrir la puerta. Él se mueve con la cámara de un lado al otro y lo que se supone que era un vecindario se convirtió en una pila de basura. Por aproximadamente treinta segundos, simplemente camina por los alrededores, documentando la debacle y maravillado ante el silencio de la escena. Cuando finalmente puede hablar, dice: "Jehová dio y Jehová quitó". Él citaba a Job el personaje bíblico (lea Job 1:21), un hombre que experimentó la misma devastación.

No pude evitar ver el área de los comentarios en la parte inferior del vídeo. Había un fuerte comentario acerca de si había sido o no la culpa de Dios. Algunos escribieron comentarios que defendían a Dios, citando versos acerca del amor y la misericordia de Dios. Otros declararon con gran seguridad que esto no había sido obra de Dios sino del diablo. Otros culparon a la madre naturaleza al decir que vivimos en un mundo difícil. Pero la mayoría de las personas entendían que Dios tenía la culpa. Cuando las personas no comprenden algo o no tienen a quien culpar, Dios se convierte en el blanco perfecto.

El hijo pródigo podía haber culpado a Dios. En cambio, fue brutalmente honesto y se dijo a sí mismo la verdad. Dijo: "He pecado". Si no se hubiese rebelado contra su padre, lo hubiesen cuidado muy bien en su hogar. Si no hubiese malgastado todo su dinero en su estilo de vida alocado, hubiese atravesado el periodo de hambruna sin problema alguno.

Podía haber culpado a Dios por todo lo que se salió de su control, sin embargo prefirió tomar responsabilidad por lo que sí podía controlar, regresó a su hogar y le pidió disculpas a su padre.

Este tipo de disculpa es extraña, pero es pura y honesta. Por lo general, mientras más rápido se pida disculpas, mejor. Generalmente atrasamos el pedir disculpas para remover el peso total de nuestra responsabilidad. Solo queremos aceptar nuestra parte de la culpa si sabemos que hay otra persona que tiene un grado de responsabilidad.

Es mi culpa, pero si no hubieras...
Yo lo siento y tú deberías también...
Lo eché a perder, pero fue por lo que dijiste...

Sin embargo, algo poderoso y purificador sucede tras el acto simple de no adornar su admisión de culpabilidad. Mi madre solía decir: "No quiero peros".

¿Tiene algo por lo cual tomar responsabilidad? Quizás alguien necesite escucharle aceptar su culpa, no con una oración que contenga miles de excusas, sino la verdad corta, sencilla y poderosa.

Capítulo 8

EL MINIMIZAR: NO ES GRAN COSA

Me encontraba en un café con mi computadora MacBook abierta sobre la mesa frente a mí mientras trabajaba en el sermón que daría el fin de semana. Ya estaba a punto de terminar cuando un anciano de la iglesia se me acercó, puso su taza de café sobre la mesa, extendió sus manos y se presentó. Cuando comenzaba a hablar conmigo, accidentalmente golpeó su taza de café y se derramó encima del teclado de mi computadora. Observé la escena horrorizado mientras veinte onzas de café fresco empapaban mi computadora. Casi inmediatamente hubo un destello en la pantalla y se apagó.

Cuando miré al hombre, era evidente que no se había dado cuenta de la magnitud de lo que había hecho. Se rió y me dijo: "Disculpa". Entonces se levantó y agarró un puñado de servilletas antes de regresar a la mesa para limpiar el café que chorreaba de la computadora.

Mientras tanto, me encontraba anonadado. Todo parecía suceder en cámara lenta. La situación se convirtió en una experiencia extra corporal. Pensaba una y otra vez, ¿esto realmente acaba de suceder? Mientras seguía limpiando la computadora con las servilletas, el anciano intentó suavizar la tensión del momento.

Señaló la manzana del logo de Apple en mi Mac y dijo: "De todos modos parece que ya alguien mordió un pedazo de esa manzana el día de hoy".

Entonces se rió de su comentario.

Agarré mi computadora, la cerré y prácticamente corrí. Ni siquiera sabía hacia dónde dirigirme. Podía sentir el café caliente saliendo de mi computadora MacBook. Pensé en todo lo que había en mi disco duro que tenía que intentar salvar. Incluyendo el sermón del fin de semana.

Unos días más tarde, él llamó a mi oficina para disculparse y entonces me dijo: "Espero que tu computadora se haya secado y que la situación no haya culminado en algo serio". No tuve el corazón para decirle la verdad. Todavía bromea conmigo acerca de lo que sucedió, porque para él, fue un simple accidente.

Eso es minimizar, aunque en este caso no fue intencional.

La negación es rehusarse a reconocer la realidad de las situaciones. La proyección es reconocer la realidad de la situación, pero negar todo tipo de responsabilidad. Minimizar es reconocer la realidad de la situación y aún reconocer la responsabilidad, pero negar la seriedad del asunto.

En vez de ser brutalmente honestos, nos decimos a nosotros mismos verdades parciales y agradables. Nos decimos a nosotros mismos: "La situación no es tan terrible". En palabras del Caballero Negro después de que Arthur le cortara ambos brazos: "Es solo una herida superficial".[1]

No fue hasta que todo se tornó muy complicado que el hijo pródigo se habló a sí mismo con la verdad. Él dijo: "¡Yo aquí muero de hambre!". Él reconoció cuán desesperante era su situación. Tuvo muchísimas oportunidades de ser honesto consigo mismo durante el proceso, pero parecía no darse cuenta de la seriedad de la situación.

Aún así en ese momento de total honestidad él practicó el discurso que le diría a su padre tan pronto regresara a su casa. Su discurso se encuentra en Lucas 15:18-19, él dijo la verdad de lo que el pecado y la rebelión hacen con su vida:

> Papá, he pecado contra el cielo y contra ti. Ya no merezco que se me llames tu hijo; trátame como si fuera uno de tus jornaleros.

No estoy seguro de quién fue que lo dijo inicialmente, pero existe un antiguo dicho acerca de lo que provoca el pecado. Dice así:

> *El pecado siempre lo llevará más lejos de lo que usted quiere ir.*
> *El pecado siempre le costará más de lo que usted realmente quiere pagar.*
> *El pecado siempre lo hará detenerse más tiempo del que usted quiera quedarse.*

Las Escrituras no minimizan las consecuencias del pecado. Una y otra vez vemos con la seriedad que Dios lo toma. En el Antiguo Testamento, cuando Dios quería advertirle a la gente que la destrucción se avecinaba, generalmente enviaba a un profeta. El profeta confronta a las personas con la verdad sobre el rumbo que estaban tomando las cosas. En muchas ocasiones las personas minimizaban el mensaje que traía el profeta. En vez de recurrir al arrepentimiento y de tornar sus rostros hacia Dios, continuaban en la misma situación. Sin embargo, cuando las personas eran brutalmente honestas y se arrepentían de sus pecados, Dios respondía con compasión y gracia.

Por ejemplo, Dios envió a Jonás a Nínive para alertar a

las personas de que venía destrucción. Jonás viajó hasta la ciudad y en Jonás 3:4, les dio el mensaje que Dios les enviaba. Aquí está el sermón que les predicó:

> "¡Dentro de cuarenta días Nínive será destruida!".

Este debe ser el sermón más corto de la historia del mundo. Solo tomó siete palabras. De hecho, verifique este sermón en el hebreo y en ese idioma solo tomó seis palabras. Jonás se presentó y comenzó a predicar que en cuarenta días la ciudad de Nínive sería destruida.

Jonás no minimizó el mensaje. Él no comenzó su sermón con un chiste para aliviar la tensión. Él no hizo ningún esfuerzo para conseguir algún punto positivo con tal de balancear su mensaje. Él no se excusó por herir los sentimientos de las personas.

En algunas ocasiones, como pastor, en un esfuerzo por no herir a las personas, tiendo a suavizar el peso de la verdad. Existe la tentación de evitar palabras como *pecado, pecador, infierno* y *castigo*. Pero mientras escribo esto, tengo la convicción una vez más de que quizás una de las razones por las que las personas minimizan el pecado es porque los predicadores parecen no tomarlo en serio. El mensaje de Jonás fue directo y al grano: "Nínive, tienes un poco menos de un mes, entonces tu luz se apagará". Aparentemente ya era suficiente. Las próximas tres palabras en el verso 5 lo cambiaron todo para Nínive. Simplemente leemos:

> Los ninivitas creyeron…

No minimizaron la situación. No se dijeron a sí mismos: "Por favor, Jonás exagera para captar nuestra atención. Estoy seguro de que no es gran cosa".

Ellos no dijeron: "¿Cuarenta días? Eso es tiempo suficiente.

Estamos seguros de que todo mejorará". Por el contrario leemos que las personas creyeron. Fue difícil escucharlo, pero abrazaron la justicia total y honestidad de Jonás.

En vez de ser honestos, tendemos a minimizar. No solo minimizamos nuestra responsabilidad, sino que también minimizamos las repercusiones de las decisiones que tomamos. La *minimización* no es una palabra que utilicemos con mucha frecuencia, pero estoy seguro de que hay algunas frases que el hijo pródigo se debe haber dicho a sí mismo y que nosotros también nos las decimos cuando minimizamos la realidad de la situación.

Simplemente estoy pasándola bien

Esta es la frase favorita de los que se encuentran en el país lejano. El hijo pródigo gastó todo su dinero viviendo alocadamente, pero, oye, simplemente estaba pasándola bien. Nosotros racionalizamos al decirnos a nosotros mismos: "Siempre y cuando la esté pasando bien y no le haga daño a nadie, está bien".

Hay un libro que se titula *Over the Edge: Death in Grand Canyon*. Como se podrá imaginar no es un libro muy alentador. El autor cuenta la historia de aproximadamente setecientas muertes que han sucedido en el Gran Cañón desde el 1870. Lo que me sorprendió no es la cantidad de personas que ha muerto, sino *cómo* han sucedido la mayoría de esas muertes. Un gran número de personas ha caído simplemente por estar bromeando.

En el 1992 un padre de familia de treinta y ocho años estaba molestando a su hija adolescente pretendiendo perder el balance y caer, mientras se reía del truco. Por un momento le hacía una broma a su hija, pero de repente la caída simulada se convirtió en una caída real. Tropezó un poco más lejos y cayó a cuatrocientos pies de altura para encontrar la muerte.

Recientemente, en el 2012, una joven de dieciocho años hacía una caminata con unos amigos cerca de la Cuenca del Norte y pensó que sería una buena idea tomarse una foto cerca del borde que decía "Manténgase alejado". Simplemente una foto irónica para Facebook para mostrar lo aventurera que era. Mientras subía al lugar donde se encontraba el letrero, varias rocas cedieron y cayó a una altura de 1,500 pies.

Como pastor he descubierto que las personas omiten las señales de aviso al minimizar las consecuencias. En sus mentes, la están pasando bien. Sin embargo, no pensamos que nos conducirá a algún lugar. El hijo pródigo vivió esto en el país lejano, pero se encontraba tan cerca del borde que se dio cuenta y eventualmente las rocas cedieron. Siempre sucede.

Con lágrimas en sus ojos, una mujer me contó que, debido a una relación de adulterio, lo perdió todo: su matrimonio, su familia y la relación con sus hijos. Mientras las lágrimas corrían por sus mejillas, movió su cabeza de un lado al otro y me dijo: "Todo comenzó con un coqueteo indefenso en el trabajo".

La jornada hacia el corral de los cerdos casi siempre da inicio cuando minimizamos nuestro pecado.

"Simplemente estoy pasándola bien".

Todo mejorará

Estoy seguro de que el hijo pródigo se debe haber dicho esto en múltiples ocasiones. Cuando se quedó sin dinero, cuando se le terminó la comida, cuando no pudo conseguir un buen trabajo o quizás en su primer día trabajando en el corral de cerdos, se dijo a sí mismo: "No está tan mal. Estoy seguro de que todo mejorará".

Otra forma de escuchar esto es: "Estoy seguro de que la situación no puede tornarse peor de lo que está". Me pregunto si esto fue lo que se dijo a sí mismo el faraón después de las primeras nueve plagas.

Mientras pasa el tiempo, en vez de ser brutalmente honestos, generalmente continuamos minimizando la situación. Continuamos diciendo: "Todo mejorará", pero la realidad es que las cosas nunca estuvieron tan mal.

No puedo evitar pensar ¿Qué más necesita?

¿Qué necesita para darse cuenta de que todo anda mal?

¿Qué necesita para admitir que su matrimonio se deshace?

¿Qué necesita para tomar la decisión de buscar ayuda para su adicción?

¿Qué necesita para darse cuenta de que está a punto de perder a sus hijos?

¿Qué necesita para pedirle a Dios que lo ayude?

Sinceramente, ¿cuán lejos tiene que llegar la situación?

No es gran cosa

Es probable que esta hubiese sido la respuesta del hijo pródigo si alguien intentaba advertirle que el rumbo de sus decisiones no era el mejor. De hecho, *No es gran cosa* es una frase que he escuchado muy a menudo cuando se confronta a alguien con relación a las decisiones que está tomando.

¿Alguna vez ha visto el programa de televisión Hoarders (*Acumuladores*)? Generalmente este programa presenta la situación de personas que están a punto de perder sus hogares, a veces hasta sus hijos, todo porque han acumulado tanta basura dentro de sus casas, que es imposible vivir en ellas. Las imágenes pueden ser perturbadoras. El equipo de camarógrafos abre la puerta de una casa y casi no pueden entrar. Un pequeño camino se abre entre la basura para poder caminar por las habitaciones que se encuentran llenas de pared a pared de periódicos viejos, ropa sucia, comida descompuesta, cajas sin abrir, objetos que no se pueden identificar y basura en estado de descomposición.

Cabe mencionar que no soy la persona más organizada y limpia que existe, así que cada vez que veo ese programa, me aseguro de que mi esposa le preste atención porque el desorden que tienen los acumuladores me hace lucir mucho mejor a mí. Sin embargo, esto es lo que he notado acerca de los *acumuladores*: es inevitable que el programa llegue a un punto en el que se le hace una entrevista al acumulador acerca del estado de su casa. Generalmente ofrecen una de dos respuestas. Algunas veces dicen: "No sé cómo llegué a este punto". Pero otra respuesta muy común es: "No creo que la situación sea tan terrible".

No tienen acceso a sus cuartos. No pueden usar el baño. Nadie puede ver la cama, la mesa, los topes de la cocina, tampoco pueden ver el piso, todo porque hay un sinnúmero de objetos y basura acumulados por todas partes. Sin embargo, su respuesta sigue siendo: "No es gran cosa".

El problema está cuando no nos damos cuenta de lo mal que está la situación. Cuando pasa demasiado tiempo en el país lejano, comienza a compararse con los que le rodean, diciendo: "Si todo el mundo vive de esta forma, ¿cuál es el problema? Es la cuesta resbaladiza del país lejano. Pronto su perspectiva se trastorna. Después de pasar un tiempo en Nínive, el pecado y la rebelión no parecen ser gran cosa porque todo el mundo lo hace. Y como todo el mundo lo hace, es difícil ser brutalmente honesto acerca de su condición.

Hace aproximadamente diez años, nos mudamos a una

urbanización en la que las personas no cuidaban mucho el césped de sus casas. Todos cortábamos el césped cuando podíamos. Nadie fertilizaba o le daba un trato especial a la grama. Había mucha mala hierba. Sin hablarlo parecíamos haber llegado a un acuerdo de que las flores silvestres lucían hermosas y que mientras más cantidad hubiera en todo los patios, mejor. Todos estábamos contentos con el estilo de vida que teníamos. Entonces cierto día llegó un nuevo vecino. Lo llamaremos Jonás.

Comoquiera, Jonás comenzó a cuidar de su césped meticulosamente. ¿Alguna vez ha tenido un vecino así? ¿Utilizan una especie de magia negra para que el césped de sus casas tenga un patrón cuadriculado definido? Eso no es de Dios. Si Dios hubiese querido que el césped luciera así, lo hubiese creado de esa forma.

Quizás usted piensa que tener un vecino con el césped hermoso es excelente, pero ¿sabe qué? Era molestoso. El patio de Jonás revelaba la realidad de los nuestros. Su compromiso con la excelencia era una acusación en contra de nuestro compromiso con la mediocridad. Solo fue necesario que un vecino llegara y mantuviera un estándar distinto al de los demás, para que el resto de nosotros se diera cuenta del desorden que teníamos.

En gran parte, este era el propósito de la ley en el Antiguo Testamento. Dios nos reveló su estándar perfecto y nosotros nos dimos cuenta de lo mal que estaba todo. La Palabra de Dios tiene como fin llamar nuestra atención para que no minimicemos nuestro pecado, pero más aún para que entendamos la seriedad de la situación.

La Palabra de Dios debe llamar nuestra atención y hacernos entender que el asunto es más serio de lo que pensábamos. Mientras crecía, mi mamá me enseñó a escuchar con detenimiento cada vez que leían o enseñaban la Palabra de Dios.

No fue siempre así. Como muchos niños pasé mis primeros años de vida sentado junto a mis padres en la "iglesia de los adultos". Cuando el sermón comenzaba, mi madre solía darme una merienda para que me mantuviera en silencio. ¿Quiere saber qué merienda era? Sí. Cereal marca Cheerios. Es la merienda oficial de todas las madres que quieren mantener a sus hijos en silencio. Así que agarraba mi pequeña bolsita de Cheerios y me estiraba en el banco mientras el pastor enseñaba la Palabra de Dios. Los Cheerios son excelentes desde esa posición porque tienen un pequeño agujero en el centro. Uno no se ahoga con un Cheerios cuando está acostado en un banco. Pero recuerdo que acostado ahí, mientras contaba las luces del techo, esperaba que el sermón se terminara.

No obstante, en un momento dado, mi madre me enseñó a escuchar con detenimiento la Palabra de Dios y a tomarla con total seriedad. Así que cuando ya era muy grande como para acostarme en el banco de la iglesia mientras comía Cheerios, ella me pedía que me sentara junto a ella y prestara atención, lo cual se me hacía muy difícil. Pero mi madre tenía esta habilidad un tanto alocada. Ella podía escuchar el mensaje con detenimiento, tomaba notas y asentaba con su cabeza y al mismo tiempo me pellizcaba por el lado de la cadera para recordarme que me mantuviera quieto y escuchara. Ella era experta en esto. Ella podía pellizcarme con el perfecto grado de presión para que cuando yo gritara no saliera de mi boca, pero tampoco tan fuerte como para sacarme sangre y hacer todo un desastre.

Existe la tendencia de minimizar la Palabra de Dios. Quizás porque estamos demasiado familiarizados con ella. "La familiaridad engendra desprecio" y el dicho continúa.

Pero quizás sea más acertado decir que "La familiaridad engendra indiferencia". Mientras más escuchamos un aviso, lo tomamos con menos seriedad, como los avisos de tornado que escuchábamos en la primaria y no tomábamos con seriedad. La gente de Nínive escuchó los avisos de Dios. Él llamó su atención y ellos fueron honestos consigo mismos acerca de su realidad. Una de las razones por las cuales minimizamos nuestro propio pecado es porque no tomamos la Palabra de Dios en serio. Quizás necesitamos un pequeño pellizco para que nos enderecemos y escuchemos con detenimiento.

Confrontados con la verdad

Cuando Jonás confrontó a la gente de Nínive con la verdad, ¿cómo respondieron? Con una justicia total.

Jonás 3:5 dice:

> Y los ninivitas le creyeron a Dios, proclamaron ayuno
> y, desde el mayor hasta el menor, se vistieron de luto
> en señal de arrepentimiento.

La vestimenta de luto era abrasiva, se hacía de piel de oveja y se utilizaba en público como señal de arrepentimiento y dolor. ¿Suena como que era algo respetable para las personas? ¿Usted se la pondría? Bueno, en este caso aún las personas de posiciones privilegiadas y con poder se la pusieron.

Imagínese a Donald Trump ayunando públicamente. Piense en Kim Kardashian con un vestido de luto. Este era un gesto de humildad. Recuerde, esta era una ciudad muy importante en Asiria con alrededor de 120,000 personas y todo el mundo—desde el más importante hasta el menos importante—ayunó y se vistió de luto. Cuando la noticia le llegó al rey de Nínive, se levantó de su trono y también

se vistió de luto y ayunó. Pero el asunto no terminó ahí. Él
lanzó el siguiente decreto:

> Por decreto del rey y de su corte:
> Ninguna persona o animal, ni ganado lanar o vacuno,
> probará alimento alguno, ni tampoco pastará ni be-
> berá agua. Al contrario, el rey ordena que toda per-
> sona, junto con sus animales, haga duelo y clame a
> Dios con todas sus fuerzas. Ordena así mismo que
> cada uno se convierta de su mal camino y de sus he-
> chos violentos. ¡Quién sabe! Tal vez Dios cambie de
> parecer, y aplaque el ardor de su ira, y no perezcamos.
>
> Jonás 3:7-9

El punto aquí es que las personas no tomaron la advertencia livianamente. Intente ponerle una vestimenta de luto
a su gato. Este tipo de arrepentimiento fue extremo.

La gente de Nínive no minimizó la seriedad del mensaje
de Jonás; por el contrario, fueron brutalmente honestos con
ellos mismos.

Jonás 3:10 nos dice que cuando Dios vio la respuesta de
ellos y cómo se tornaron de sus malos caminos, Él no desató
sobre ellos la destrucción que les había advertido.

En vez de minimizar la situación, la gente de Nínive fue
honesta consigo misma. Ellos no reconocieron que su pecado era de grandes magnitudes y respondieron a esa verdad
con confesión, arrepentimiento y quebrantamiento.

En vez de decirse a ellos mismos "No es gran cosa" o
"Estoy seguro de que todo mejorará", el hijo pródigo se dijo
a sí mismo la verdad. No minimizó su rebelión o las consecuencias que merecía. Fue honesto en hacer un recuento del
costo de sus decisiones. Él sencillamente dijo: "No merezco
ser llamado tu hijo". Él reconoció el daño relacional que
había causado. El hijo había herido el orgullo de su padre y

había afectado su relación al punto de casi ser irreparable. Él reconoció el peso total del daño emocional que había causado. Al alejarse de su padre, el hijo también se había alejado del resto de su familia. Se alejó de su hermano, de sus padres y de su comunidad.

Recuerdo cuando un amigo, pastor de una iglesia muy grande, cometió algunos errores públicos muy desafortunados. Sus decisiones le costaron su trabajo y su familia, terminó en un divorcio muy costoso. Cuando pasó la tormenta, tomó el tiempo para hacer un recuento de los costos, *literalmente*. Añadió sus bienes económicos y las posesiones materiales que había perdido, incluyendo el salario que por años había ganado en su posición. La cantidad final era de casi medio millón de dólares. Sin contar las consecuencias morales y relacionales, mi amigo se dio cuenta de que en un sentido práctico, su pecado le costó todo. Eso es justicia total y el AJÁ no sucede sin esto.

¿Y qué de usted? Haga un recuento. ¿Cuál ha sido el costo verdadero de su pecado?

Pablo nos dice: "La paga del pecado es muerte". Ese es el costo. Nuestra elección por el pecado ha creado una barrera entre Dios y nosotros, hemos causado una pérdida en nuestra relación con Él que podríamos solucionar, reparar y hacer que dé resultados. No minimicemos la situación. Hemos ofendido a un Dios santo y recto que reina en justicia. Merecemos la muerte por lo que hemos hecho. Como el hijo pródigo, le hemos robado el honor a nuestro Padre. Hemos echado a perder su provisión y hemos huido de su casa. Elegimos vivir una vida alocada junto a extraños en vez de mantener una relación con Él. Tal y como el hijo pródigo, le hemos dicho a Dios que estaríamos mejor sin Él. Hemos vivido como si no confiáramos ni creyéramos en

Él. Hemos elegido un camino que conduce al hambre y la muerte, así es que eso es lo que merecemos.

A pesar de todo esto, Dios nos ofrece una nueva herencia, una que fue reclamada y redimida por su Hijo, Jesucristo, quien vino a la tierra a morir por nuestros pecados. El precio de nuestro pecado se contabilizó y Jesús murió para cancelarlo. Después de ser crucificado, Él se levantó de los muertos y ahora nos llama de vuelta a nuestro hogar porque nos ha preparado moradas. En medio de la plenitud de nuestro pecado, Dios responde con la plenitud de su gracia a través de Jesucristo.

TERCERA PARTE
ACCIÓN INMEDIATA

Y levantándose...

Capítulo 9

TIEMPO DE LEVANTARSE

Después de graduarme de la escuela superior, fui a un viaje con mis compañeros de clase a Dallas, Texas.[1] Mientras estábamos allí, vi, por primera vez, a alguien hacer un salto en *bungee*. Los saltos en *bungee* eran un fenómeno para aquel entonces y a cientos de pies del suelo, este era unos de los saltos más altos en el país.

Todos mirábamos cómo un chico se preparaba para saltar simplemente con una cuerda atada a sus tobillos. Se lanzó de cabeza y me pareció que mis compañeros de clase estaban impresionados.

En este momento presencié otro fenómeno conocido como *vómito de palabras*. Esto sucede cuando lo que está pensando se sale de su boca antes de que usted lo pueda detener. Esto fue lo que salió de mi boca: "Lo haría, pero no pienso pagar cuarenta dólares por eso".

Intentaba sonar lo suficientemente impresionante como para lanzarme del *bungee*, pero no tanto como para gastar esa cantidad de dinero. Hubo una pequeña conmoción detrás de mí y una chica de mi clase sacó veinte dólares y dijo: "¿Esto ayudaría en algo?".

En este momento, mi espalda estaba pegada a la pared. Una chica me había desafiado, frente a todos. Podría haber dicho: "Bueno, tampoco voy a gastar veinte dólares en esto", pero eso no daría resultado. Así que sin pensar en el hecho de que no soy amante a las alturas, agarré los veinte dólares y me fui a la fila. Mientras la grúa bajaba, me dije a mí mismo: "No es tan alto". Pero una vez la plataforma estaba completamente abajo y me subí a ella, me puse nervioso. Le sonreí a mis compañeros de clase, intentando lucir muy divertido y despreocupado, mi mejor imitación de Luke Perry[2]. Sin embargo, temblaba de miedo por dentro.

El hombre que me ató la cuerda a los tobillos no me inspiró confianza. De seguro aún llevaba puesta su camiseta del trabajo anterior en la tienda 7-Eleven. La plataforma comenzó a subir y a subir hasta que la grúa se detuvo cuando alcanzó su mayor altura. Me paré en el borde, la parte del frente de mis sandalias Dr. Martens prácticamente estaban en el aire. Casi no podía escuchar a mis amigos animándome y, entonces, tomé la peor decisión: miré hacia abajo. De repente, la realidad de mi circunstancia me golpeó en la cara: mis amigos eran un simple puntito en una distante y olvidada superficie, y estaba a punto de caer en picada hacia ellos sin nada agarrado a mi cuerpo, solo una banda elástica glorificada que me la puso un hombre que—por lo que sé—el día antes se encontraba vendiendo sorbetes en la tienda 7-Eleven.

Mi mano estaba firmemente atada al tubo que había en la plataforma. Totalmente paralizado del temor, me volteé hacia el operador que se encontraba en la plataforma y le dije: "No puedo hacerlo. Simplemente no puedo hacerlo". Pero de pronto pensé y dije: "¿Podría darme un empujón?".

Aparentemente no era el chico más temeroso en brincar, pero sí el más avergonzado de bajar, porque el empleado me contestó: "Bueno, legalmente no estamos autorizados para empujar a nadie de la plataforma".

Frustrado con su respuesta—*Gracias por siempre seguir las normas Sr. 7-Eleven*—luego le dije: "¿Se te ocurre alguna otra idea para ayudarme?".

"Bueno, en algunas ocasiones funciona cerrar los ojos y dejarse caer", me dijo y luego añadió: "Cualquiera lo hace".

Bueno, pues está bien, pensé, mostrando algo de valentía. *Eso suena bien. Puedo hacer eso. Me puedo lanzar.*

Así que me paré en el borde de la plataforma, cerré los ojos y estoy orgulloso de decir que... bueno, ese día no salté de un *bungee*, sino me dejé caer de un *bungee*.

Una cosa es decir lo que vas a hacer, pero otra es hacerlo. Muchos de nosotros nos quedamos varados en el momento de actuar. Sabemos lo que debe hacerse, nos hemos parado en la plataforma, pero no nos podemos mover. Una cosa es tener un despertar y hasta ser honestos con lo que se supone que debemos hacer. Otra muy distinta es dar el salto.

Quizás esta es una imagen que le ayudará: piense que AJÁ es una puerta sostenida por tres bisagras. La primera es un *alerta repentino*. La segunda es la *justicia total*. La tercera y última es la *acción inmediata*. En Lucas 15:20 (JBS) podemos ver una simple frase que transformó la historia del hijo pródigo. Jesús simplemente dijo: "Y levantándose...".

El hijo pródigo actuó inmediatamente. Él reconoció que era tiempo de accionar. Era tiempo de tomar una decisión. Y aunque la historia dijera "Y él levantándose" o "Y ella levantándose", nada hubiese cambiado.

Aquí es que el proceso de AJÁ se detiene para muchos de nosotros. Cuando tenemos un despertar, es necesario que tengamos la fuerza para ser brutalmente honestos, pero generalmente no hacemos algo distinto. Pasamos la mayor parte de nuestras vidas estancados entre la honestidad y la acción.

Y levantándose...del mueble

Para nosotros un ejemplo al que muchos de nosotros nos podemos relacionar es en el área de la dieta y el ejercicio.

Primero, surge un alerta repentino...

Algo sucede y usted despierta de su condición actual.

Usted se pone los pantalones *jeans* del año pasado, pero no le cierran.

Usted sale al patio y juega a la pelota con sus hijos y constantemente siente un dolor en el costado debido al exceso de actividad física.

Usted se sienta a ver televisión, pero cuando el programa deportivo SportsCenter termina, usted continúa viendo la WNBA porque ya no le queda la energía necesaria para levantarse de su silla, cruzar la habitación y agarrar el control remoto del televisor.

Un amigo me contó su experiencia cuando tuvo un alerta repentino en el área de ejercicio físico. Una mañana cuando salió de la ducha, su esposa lo miró y comenzó a reírse a carcajadas.

En mi caso el momento fue mientras compraba un cappuccino frío de vainilla grande en Starbucks...sin crema batida, debo añadir. Mientras pagaba por mi bebida, se me salió una moneda del bolsillo del pantalón y cayó en el piso. En vez de doblarme para agarrarla, miré hacia abajo para ver de cuánto era la moneda. Porque si era un centavo, no valía la pena inclinarme; eso requería demasiado esfuerzo. Si hubiese sido un cuarto de dólar... bueno, eso sí merecía que me inclinara e hiciera todo el esfuerzo físico intenso. Cuando miré hacia abajo y me di cuenta de que eran diez centavos, me detuve por diez segundos a debatir si valía la pena o no inclinarme. Ese día tuve un alerta repentino.

Luego viene la justicia total...

Usted se dice a sí mismo la realidad acerca de usted. Usted se para en la báscula, lo que requiere un enorme esfuerzo. Usted se da cuenta de la realidad de la situación. No más negación, ya no minimiza el problema—ahora usted sabe la verdad. Usted sale de la ducha y se mira al espejo... y luego observa cómo se ve de lado. Brutal.

Con justicia total y honestidad franca usted evalúa su dieta y sus hábitos alimenticios y entonces comienza a anotar la cantidad de calorías que consume al día. Usted saca cuenta de todo eso y se enfrenta con la realidad. Entonces va al médico y le pide que le hagan varios exámenes y entonces se sienta y analiza todos los resultados.

Ahora es el momento de tomar acción inmediata...

Ya tuvo un alerta y se enfrentó a la justicia total, pero la verdadera interrogante es: cuando su alarma suena a las 5:30 a.m. y usted sabe que el chico del programa de ejercicios P90X, Tony Horton, le va a gritar[3] por los próximos cuarenta minutos, ¿qué hace usted? Cuando la alarma suena y usted sabe que Denise Austin—con su personalidad vivaracha y su dulce sonrisa (que provoca agarrarle los cachetes)—la espera, ¿qué hará usted?

¿Acaso se levantará?

¿Tomará acción?

¿O apagará el despertador y se dormirá nuevamente?

Usted tuvo un alerta y se enfrentó a la justicia total, pero ahora necesita hacer un cambio en sus hábitos alimenticios.

¿Qué va a hacer cuando se siente en el restaurante, se encuentre con un especial de dos por uno y tenga que decidir entre los palitos de mozzarella o los rollitos chinos? ¡No será un acto de mayordomía desaprovechar esta oferta! Lo más probable es que sea Dios permitiéndole disfrutar su última cena como recompensa a la decisión que tomó.

La oportunidad de actuar

Tristemente, el hecho de saber que tenemos que cambiar no hace que cambiemos. Recientemente leí un artículo que comenzaba con el siguiente párrafo:

> Cambie o muera. ¿Qué sucedería si nos dan la oportunidad de escoger?
>
> ...¿Qué sucedería si una figura pública respetable muy bien informada le dice a usted que tiene que hacer cambios difíciles y duraderos en la forma en que piensa y actúa? Si no lo hace, entonces su tiempo se acortará, mucho antes del tiempo requerido. ¿Podría cambiar cuando verdaderamente importe? ¿Cuándo le interesó más?[4]

De acuerdo con este artículo, las probabilidades son de nueve a uno en contra de que usted decida cambiar—aunque tenga una cierta amenaza de muerte. El autor basa esta estadística en el famoso estudio del Dr. Edward Miller, quien fue presidente del hospital que se encuentra en la Universidad de John Hopkins y decano de la escuela de medicina en dicha universidad.

El Dr. Miller ha estudiado casos de pacientes con enfermedades del corazón tan severas que tuvieron que someterse a operaciones de baipás—un procedimiento quirúrgico traumático y sumamente costoso que podría costar más de $100,000.00 si surge alguna complicación, alrededor de

600,000 personas se someten a un baipás al año en los Estados Unidos y 1.3 millones de pacientes del corazón tienen angioplastias. Estos procedimientos le proveen al paciente la oportunidad real de cambio. Gracias a la cirugía lograrán, a través de unos ajustes en su estilo de vida, impedir el dolor y aun la muerte, si están dispuestos a actuar.

En nuestras vidas, si un alerta repentino le llama la atención a nuestro corazón enfermo, espero que podamos darnos cuenta de que algo anda mal. Luego de esto tenemos que permitir que la justicia total haga su labor en nuestros corazones—básicamente evadiendo las mentiras que nos creemos y que nos decimos a nosotros mismos.

Entonces nosotros, al igual que los pacientes del corazón, tenemos la oportunidad de actuar. En otras palabras, tenemos un alerta, somos justos y honestos, pero nada sucede a menos que actuemos.

De acuerdo con el estudio del Dr. Miller, el cambio casi nunca sucede:

> Después de dos años observe a las personas que se sometieron a un baipás de la arteria coronaria, el 90 por ciento de ellos no hace ningún tipo de cambio en su estilo de vida. Eso se ha estudiado una y otra y otra vez. Así que hay algo que no hemos entendido. Aunque estos pacientes saben que tienen una condición muy delicada y saben que tienen que hacer cambios en su estilo de vida, no sé por qué no pueden lograrlo.

Sentimientos confusos para la acción

He aprendido que en algunas ocasiones nos estancamos entre la justicia y la acción porque nos engañamos a nosotros mismos para hacernos creer que como nos *sentimos* diferentes, estamos *haciendo* algo diferente. Esto es cierto a pesar de que aún no hayamos hecho nada. Confundimos nuestra convicción con un cambio real. Así que vivimos con buenas intenciones y convicciones fuertes, pero no tomamos la determinación de salir del corral de cerdos.

La convicción siempre será una invitación a la acción. No obstante, cuando los corazones con convicción no nos dirigen a un cambio, se producen una serie de efectos secundarios.

Estos efectos secundarios siempre servirán como síntomas o advertencias de que se debe tomar acción pronto.

Un sentido de fatiga y frustración oculto

Un alerta repentino es la invitación para alinear su vida con lo que sucede en su corazón. Cuando usted no toma una acción que alinee su vida con su corazón, su vida comienza a violentar su corazón. En mi carácter personal y por las historias que he escuchado por parte de otras personas, he aprendido que cuando las acciones violentan las convicciones, un sentido general de fatiga y frustración comienza a marcar nuestra vida.

Es abrumante intentar vivir una vida que violenta el corazón. Lo mantiene drenado todo el tiempo. La Sociedad Americana del Corazón dice que para evitar el estrés: "Examine sus valores y viva en base a ellos. Mientras más sus actos reflejen sus creencias, mejor se sentirá…".[5]

Aún los expertos seculares en el campo de la salud están de acuerdo que generalmente nosotros nos sentimos mal cuando nuestras acciones no se alinean con nuestras creencias y valores.

Imagínese que se despierta una mañana y enciende el televisor en las noticias. Ellos le recuerdan que ese mismo día se llevará a cabo un maratón en la ciudad y usted decide correr en dicho evento. Usted no ha entrenado para esta carrera, porque tomó la decisión de enlistarse el mismo día de la carrera.

¿Qué sucederá?

Usted no terminará la carrera. Por el contrario, usted tendrá mucho dolor. ¿Por qué? Su cuerpo violentará su corazón, ya que usted no entrenó para esta carrera. Cuando nuestras acciones violentan nuestro corazón, automáticamente somos conducidos a la fatiga y a la frustración. Ese sentimiento no se irá hasta que alinee sus acciones con el despertar que ha ocurrido en su corazón.

Una tensión no identificada en las relaciones significativas

Cuando usted sabe lo que tiene que hacer y aún así no lo hace, solo bastará un poco de tiempo antes de que la frustración que usted siente afecte a los demás. Si su vida no está alineada con sus convicciones, será muy difícil convivir con usted.

Típicamente esto se muestra como un espíritu crítico. A través de sus críticas constantes, estas personas excesivamente críticas demuestran que hay áreas en ellos mismos que deben ser trabajadas.

En algunas ocasiones esto ocurre en las relaciones cuando una de las partes siempre está a la defensiva, especialmente cuando se tocan áreas en las que la persona ha sentido convicción, pero no ha accionado.

El hecho de no tomar acción provoca que tratemos a los demás con la actitud "¿Y qué quieres decir con eso?". Esa actitud defensiva proviene de una convicción interna que no ha sido trabajada.

Coraje no dirigido hacia algo o alguien

Cuando hay un despertar, pero no hay acción, terminamos experimentando un sentimiento de culpa. Usted se siente culpable de no poder vivir su vida de forma consistente con sus convicciones. La culpa generalmente de demuestra con coraje. El coraje, por supuesto, es la respuesta secundaria.

He hablado con personas que dicen que luchan con una sensación general de coraje. No es que sientan coraje hacia una cierta persona o hacia una situación en específico; simplemente se sienten enojados. Intentan evitarlo. Dicen: "Bueno, es que así soy... así me hicieron".

Si esto lo describe a usted de alguna forma, entonces permítame hacerle una pregunta. No se enoje conmigo, pero ¿es posible que la razón por la cual usted no identifica el motivo por el cual está enojado es porque con quien está enojado es con usted mismo? Es posible que se sienta enojado porque sus ojos fueron abiertos a una realidad, pero no ha tomado ningún tipo de acción y, en dichos casos, solo toma un poco de tiempo para que el enojo aflore.

Dónde es que nos estancamos

Puede ser que la mayoría de nosotros se estanque cuando necesite tomar una acción inmediata, pero es importante reconocer que sin acción, la realidad de nuestra vida no cambiará. Quisiera que observe una conexión entre estas dos frases que se encuentran en Lucas 15 (JBS):

Por fin recapacitó...

v. 17

Y levantándose...

v. 20

Sin el versículo 20, el versículo 17 no tiene importancia.

"Y levantándose..." se oye muy simple, pero es fácil pasarlo por desapercibido. Si no se levantaba, si se hubiese quedado en el corral de cerdos viviendo en el quebrantamiento, entonces ¿a quién le importaría?

Michael Novak es un filósofo católico que establece que sin acción, nuestras creencias y convicciones no son genuinas. Básicamente describe el creer en tres niveles distintos.

Primero tenemos las *creencias en público*. Las creencias en público son aquellas que les presentamos a otros, creencias que queremos que la gente crea que tenemos, pero en la que realmente no creemos. Así que hablamos acerca de nuestra familia, nuestro matrimonio o acerca de nuestras finanzas como si nuestras creencias fuesen totalmente reales, solo queremos que la gente crea que esas son nuestras convicciones.

También tenemos las *creencias en privado*. Novak explica que las creencias en privado son aquellas que sinceramente creemos. Genuinamente *creemos* que creemos en ellas. Pero cuando esas creencias son probadas, descubrimos que *en realidad* no creemos.

Finalmente tenemos lo que Novak describe como *creencias firmes*. Estas son en realidad nuestras verdaderas creencias, porque están sustentadas en la realidad. Así que no es simplemente algo que decimos; no es algo que sentimos; la realidad es que las creencias firmes son las que definen cómo vivimos. Lo que hacemos determina nuestras creencias firmes.

No me hable acerca de creencias y convicciones; levántese y demuéstremelas.

No me diga que usted cree en influenciar espiritualmente a sus hijos; levántese, camine hacia sus cuartos, arrodíllese al lado de sus camas y ore por ellos.

No me diga que usted ama a su esposa; apague el programa de SportsCenter, levántese del mueble y llévela a una cita. Una verdadera cita. No me refiero a que se levante y vaya a una tienda a comprar algunas cosas, eso no cuenta como una cita. Lo sé porque lo intenté... una vez.

No me diga que usted se interesa por los pobres; vaya y sirva de ayuda en su comunidad dándole comida a los más necesitados o entre a la página de internet de Compasión Internacional y auspicie a un niño.

Sus convicciones no significarán absolutamente nada hasta que usted no tome acción.

Su historia tiene que cambiar

Si el hijo pródigo recapacitaba, pero nunca se levantaba, la historia hubiese sido otra. Si aún se encuentra estancado entre los versículos 17 y 20, entonces es tiempo de levantarse.

La semana pasada hablé con un esposo que me dijo que su esposa lo había dejado. Por primera vez se daba cuenta de ciertas cosas que nunca antes había notado. En el pasado él había sido orgulloso, a la defensiva y la culpaba de todo a ella. Ahora se daba cuenta que había puesto su trabajo primero, sus necesidades antes que las de ella y también había actuado con egoísmo y orgullo.

Cuando ella lo dejó, surgió un despertar en él que lo forzó a ser honesto y a arrepentirse.

Aquí está la pregunta que le hice: "Muy bien, entonces ¿cuál es el plan?".

"No, no entiendes", me dijo. "Es... umm... pues, es complicado".

"No, eres tú el que no entiende", le contesté. "No lo parece, pero es simple".

No es fácil levantarse. Lo entiendo. Sin embargo, es

simple. Algunas veces tenemos este total desorden y queremos resolverlo con un plan muy complicado, pero la verdad es tan sencilla como: "Y levantándose".

Otra vez le digo que no es fácil. La travesía de vuelta a casa debe haber sido difícil. No debe haber sido fácil recorrer ese camino desde el país lejano con el estómago vacío, pero él se levantó y se fue.

Así que estoy seguro de que la travesía de este esposo no fue fácil, pero estoy orando para que la segunda parte de esta historia sea: "Y levantándose".

Una mujer que había estado alejada de Dios por mucho tiempo llegó a la iglesia. La vida en el país lejano había ocasionado estragos. Su pasado estaba cargado de dolor y honestamente no tenía mucha esperanza para el futuro. Por muchos años fue una alcohólica a escondidas. Finalmente fue honesta consigo misma acerca de la realidad de su vida. Las decisiones que tenía que tomar no eran fáciles, pero no era complicado. Mi oración es que la segunda parte de la historia sea: "Y levantándose".

Un joven en sus veinte borró el historial de su computadora. Él se prometió "Nunca más". Había vivido con culpa y remordimiento a causa de su pecado por años. Sus ojos habían sido abiertos en varias ocasiones y había estaba consciente de que su lujuria había llegado lejos, pero nunca había tomado un paso para cambiar su situación. Un día me detuvo después del servicio de la iglesia, me dio la mano y luego se me acercó para decirme en voz baja: "No le he dicho esto a nadie, pero la realidad es que necesito ayuda". Ahora que lo confesó, espero que segunda parte de la historia sea: "Y levantándose".

Mi pregunta para usted es la siguiente: ¿Cuándo se levantará?

Cuándo le dirá a un amigo: "Mira, he guardado esto en

secreto, pero la realidad es que tengo un problema con la bebida y necesito ayuda porque todo está fuera de control".

¿Cuándo terminará esa relación que usted *sabe* que Dios quiere que termine?

¿Cuándo será generoso como usted sabe que Dios quiere que lo sea?

¿Cuándo enmendará los errores que les han causado heridas a sus padres?

¿Cuándo se unirá a un grupo de estudio bíblico por primera vez en su vida?

¿Cuándo comenzará a dirigir espiritualmente a su familia?

¿Cuándo le hablará a alguno de sus compañeros de trabajo acerca de su fe?

¿Cuándo hará algo para solucionar los problemas sociales que menciona tanto en sus páginas de internet?

¿Cuándo invitará a su vecino a la iglesia?

¿Cuándo se hará parte de su historia el versículo 20?

Es tiempo de levantarse

Capítulo 10

LA PASIVIDAD: SEGURAMENTE TODO SE SOLUCIONARÁ SIN EL MAYOR ESFUERZO

Es posible que haya visto el problema que existe en California con los incendios forestales. Cuando las condiciones del tiempo son secas y ventosas, los incendios forestales se propagan con mucha facilidad. Cuando vivía en el Sur de California, las cenizas caían del cielo como nieve gris y en muchas ocasiones llegaban hasta nuestro patio. De hecho, apenas unos meses después de habernos mudado, un incendio se extendió por las montañas que se encontraban detrás de mi casa. Cuando anunciaron este fuego en las noticias, mostraron fotografías de nuestra urbanización.

Poco tiempo después de habernos mudado, hubo otra tormenta de fuego en el Sur de California que terminó con casi dos docenas de vidas antes de que lograran extinguirlo. Un artículo del *USA Today* presentó este titular: "Actuar con inseguridad mientras se acerca una tormenta de fuego en California es un error fatídico".[1]

El artículo citaba al sargento Conrad Grayson, quien se encontraba frustrado ante el hecho de que las personas no actuaran con un gran sentido de urgencia. Él dijo: "Les estamos suplicando a las personas que se vayan y no quieren tomarlo con seriedad. Quieren empacar algo de ropa o luchar con el fuego en sus patios con una manguera de jardín… Si las personas no se mueven rápidamente, se van a convertir en bloques de carbón".

Jon Smalldrige dijo haberle dado a sus vecinos unos avisos desesperados solo para recibir de parte de ellos cierto desprecio o una respuesta casual. Mencionó a aquellos que habían intentado salvar sus televisores y sus computadoras antes de escapar de las llamas. Dijo: "Parecía que empacaban para irse de viaje. Los que me prestaron atención y abandonaron el área, fueron los que sobrevivieron. Los que no me quisieron prestar atención murieron".

¿Qué nos detiene de poder actuar con sentido de urgencia? En vez de ser agresivos, parece mucho más natural para nosotros responder con pasividad. Aunque el fuego nos amenace y haya mucho en juego, en vez de actuar, tendemos a tener la actitud de "Seguramente todo se solucionará sin el mayor esfuerzo".

El hijo pródigo no esperó que su suerte cambiara. Él no esperó a que la hambruna terminara y la economía volviera a la realidad. Él desarrolló un plan de acción. Se dijo a sí mismo: "Me levantaré, e iré a mi padre, y le diré…" (Lucas 15:18). Esto es lo opuesto a decir: "Me sentaré, me quedaré aquí y esperaré a que suceda lo mejor".

Nos encanta ver acción

Nuestra sociedad tiene una característica interesante que me parece irónica, nos gusta la acción y preferimos verla, pero no vivirla. Nos sentaremos en el mueble y ordenaremos una pizza mientras vemos programas de televisión de comida gourmet. Por horas veremos un canal de televisión cuyos programas son de reparación de hogares y nos levantaremos a tomar agua de un grifo que gotea. Veremos personas concursar en *The Biggest Loser* y tomaremos de nuestro tiempo para verlos dar la milla extra hasta quedar totalmente exhaustos, pero cuando todo termine, no querremos levantarnos del asiento para buscar el control remoto que se encuentra al otro lado de la habitación.

Especialmente en hombres una respuesta pasiva parece ser la norma. A los hombres les gustan las películas de acción. De hecho, hombres, quisiera probar su masculinidad ahora mismo. Bueno, eso sonó un tanto extraño, pero ustedes saben a qué me refiero. Les daré una cita y me dirán de qué película de acción proviene:

> "Luchad y puede que muráis. Huid y viviréis—un tiempo al menos—y al morir en vuestro lecho—dentro de muchos años—¿no estaréis dispuestos a cambiar todos los días desde hoy—por una oportunidad—solo una oportunidad de volver aquí a matar a nuestros enemigos? Pueden que nos quiten la vida, pero jamás nos quitarán ¡LA LIBERTAD!".[2]

> "No sé quién es usted, ni sé lo que quiere. Si espera cobrar un rescate le aviso de que no tengo dinero, pero lo que sí tengo es una serie de habilidades concretas, habilidades que he adquirido en mi vida profesional, habilidades que pueden ser una pesadilla para gente como usted".[3]

"Te pasó lo peor que le puede pasar a un boxeador. Te civilizaste..."[4]

"Lo que hacemos en la vida resuena en la eternidad".[5]

Nos gusta mucho *ver* acción, ¿verdad?

No le diga esto a mi esposa, pero a veces veo las luchas de la UFC los domingos por la noche a escondidas después de haber predicado mucho durante el fin de semana. Cuando los hombres somos testigos de ese tipo de acción, algo resurge en nosotros. Encontramos ánimo en el boxeador que no se da por vencido, el soldado que ataca al enemigo o el atleta que une al equipo por encima de cualquier contratiempo.

Pero... cuando la película termina, ¿qué hacemos?

En vez de pelear por el honor de nuestras esposas, simplemente nos quedamos viendo cómo nuestros hijos las pisotean.

En vez de ser apasionados en nuestro matrimonio, nos apasionamos con el deporte.

En vez de pelear en contra de la tentación, nos alejamos y decimos que no podemos vencerla.

En vez de levantarnos, nos recostamos en nuestro mueble y pasamos los doscientos canales de televisión.

La pasividad puede ser precisamente descrita como el primer pecado que heredamos de Adán. Podría haber sido justo decir que el primer pecado del ser humano no fue comerse la fruta; fue la pasividad. ¿Recuerda cuando Eva tomó la fruta del jardín del Edén? ¿Qué hacía Adán? Bueno, de acuerdo con Génesis 3:6, Adán estaba allí con ella.

No dijo nada.

No hizo nada.

Solo se quedó observando.

El precio de la pasividad

En 1 Samuel las Escrituras nos dan una imagen desafortunada de lo que es la pasividad y de sus consecuencias. Elí servía al Señor como sacerdote en el tabernáculo y también era juez del pueblo de Israel. Tenía dos hijos, Ofni y Finees, quienes también eran sacerdotes. Sin embargo en el capítulo 2 versículo 12, leemos:

> Los hijos de Elí eran unos perversos que no tomaban
> en cuenta al Señor.

No era que Ofni y Finees dejaron de asistir a la iglesia aunque eran los pastores, lo que me ha cruzado por la mente dos o tres veces. Leemos en esta historia que robaban el dinero de la ofrenda; literalmente le robaban al Señor. Ellos se quedaban y robaban las ofrendas que eran para Dios. Como si esto no fuera suficientemente terrible, también se acostaban con las mujeres que servían en las afueras del santuario. No tomaban en cuenta al Señor.

Si usted no se encuentra familiarizado con la historia, es fácil suponer que probablemente Elí no tenía conocimiento de lo que estaba sucediendo; de lo contrario los hubiese detenido, ¿no es así? Sin embargo, Elí estaba al tanto de la situación. Sabía lo que sus hijos hacían. En 1 Samuel 2:22-25 vemos lo siguiente:

> Elí, que ya era muy anciano, se enteró de todo lo que
> sus hijos le estaban haciendo al pueblo de Israel, in-
> cluso de que se acostaban con las mujeres que servían
> a la entrada del santuario.

Así que allí se encontraba el sacerdote y padre quien escuchaba constantemente los comentarios negativos. La información que le llegaba le abrió los ojos. La gente hablaba la verdad acerca de sus hijos y fue entonces cuando experimentó la justicia total. Era tiempo de tomar acción.

Elí les dijo: "¿Por qué se comportan así?". Leemos esto y pensamos: *Finalmente, un poco de amor firme, les pidió cuentas a sus hijos. Es momento de remover a sus hijos del puesto para enseñarles a temer al Señor.*

Sin embargo, la historia continúa así. Elí le dijo a sus hijos:

> "¿Por qué se comportan así? Todo el pueblo me habla de su mala conducta. No, hijos míos; no es nada bueno lo que se comenta en el pueblo del Señor. Si alguien peca contra otra persona, Dios le servirá de árbitro; pero si peca contra el Señor, ¿quién podrá interceder por él?".

Eso fue lo único que hizo. Les dio un buen discurso. Eso fue todo lo que hizo. Él actuó como le llama el Dr. Phil en su programa "el padre que provoca miedo". El padre que dice: "Bueno, la próxima vez…" o "Si lo vuelves a hacer…" o "Esta vez sí que hablo en serio…". Elí les dijo muchas palabras, pero no actuó.

La Escritura nos dice que Elí no hizo nada para detenerlos.

Aunque él era el juez del pueblo, no les impuso una sentencia o los forzó a conducir su vida correctamente. Aunque era un sacerdote en el templo, no los removió de sus posiciones para mantener la credibilidad del sacerdocio.

Eligió el camino fácil por encima de Dios

La Escritura nos da una idea de por qué Elí era tan pasivo. Es fácil pasarlo por alto, pero es significativo para entender por qué generalmente elegimos la pasividad en vez de tomar acción.

En 1 Samuel 2:29, Dios le pregunta a Elí:

¿Por qué honras a y tus hijos más que a mí?

Otras versiones de este pasaje lo presentan así:

¿Por qué tratas a tus hijos mejor que a mí?

Cuando Dios utilizó a otras personas para llamarle la atención a Elí acerca de sus hijos, Elí no hizo nada y al no hacer nada, escogió a sus hijos por encima de Dios.

No olvide esto: *nuestro acercamiento pasivo a lo que Dios nos ha llamado a hacer demuestra que honramos a otras cosas más de lo que honramos a Dios.*

Él le habla acerca de una relación amorosa en la que está involucrado, pero usted no hace nada. ¿Por qué? Porque usted honra más a su pareja de lo que honra a Dios.

Él le trae convicción acerca de su lujuria, pero usted no hace nada, entonces usted honra sus deseos más que a Dios.

Él le trae convicción acerca de ser más generoso, pero aún no comienza a dar. ¿Por qué? Porque usted honra más su dinero de lo que honra a Dios.

Él le trae convicción acerca de ser un líder espiritual, pero usted llega a su casa del trabajo y pasa toda la tarde viendo la televisión. ¿Por qué? Porque usted honra los deportes más que a Dios.

La pasividad revela que hemos elegido algo o a alguien por encima de Dios.

Pero aún en medio de la desobediencia Dios envió mensajeros para advertir a Elí de las consecuencias. En 1 Samuel 3:11-14, esto es lo que Dios le dice a Elí:

Mira —le dijo el Señor—, estoy por hacer en Israel algo que a todo el que lo oiga le quedará retumbando en los oídos. Ese día llevaré a cabo todo lo que he anunciado en contra de Elí y su familia. Ya le dije que por la maldad de sus hijos he condenado a su familia para siempre; él sabía que estaban blasfemando contra Dios y, sin embargo, no los refrenó. Por lo tanto, hago este juramento en contra de su familia: ¡Ningún sacrificio ni ofrenda podrá expiar jamás el pecado de la familia de Elí!

Aquí Elí tuvo otra oportunidad para actuar, de poder ir frente al Señor en arrepentimiento y buscar su misericordia. ¿Cómo hubiese terminado la historia si en este momento hubiésemos leído "Y levantándose"? Pero Elí no se levantó. He aquí su respuesta:

Él es el Señor; que haga lo que mejor le parezca.

Elí se acababa de enterar de que su familia y las generaciones futuras de su familia iban a experimentar las consecuencias por mucho tiempo y su repuesta a esto fue: "Él es el Señor; que haga lo que mejor le parezca". Eso suena súper espiritual, como si estuviera siendo sumiso a la voluntad de Dios. Pero él no estaba siendo sumiso; estaba siendo pasivo.

Recuerde, Elí era un sacerdote. Él debió haber tenido el deseo de ir frente al Señor en quebrantamiento y suplicar por su familia. En cambio, se sentó y dijo: "Lo que sea que Dios quiera está bien para mí". ¡Lo que Dios te llama a hacer, Elí, es a levantarte y pelear por tu familia y por la justicia! ¡Elí Dios quiere que te levantes y defiendas la honra de Dios es su casa y que lo elijas por encima de tus propios hijos! ¡Lo que Dios quiere es que dejes de hablar y tomes acción!

Haga una comparación entre Elí y un hombre llamado Nehemías. Él dirigió al pueblo de Dios a reconstruir las murallas de Jerusalén. Llegó el momento en que todo parecía ser imposible y la oposición era insoportable. Pero Nehemías llamó a los hombres de Israel a ser hombres de acción. Él los retó al preguntarles: "¿Creían ustedes que esto sería fácil? ¿Creían que la muralla se levantaría sola? Entonces les dijo: "Agarren una espada y peleen".

Hombres, ¿cuándo soltarán el control remoto, cuándo elegirán a Dios y se levantarán a favor de sus familias? Guarde su teléfono móvil, agarre la espada y pelee por su matrimonio. Guarde el control del PlayStation, guarde el palo de golf, guarde el iPad y pelee por *algo*. Quizás ya sea hasta el tiempo de guardar este libro. Puede ser que ya haya escuchado bastante: deje de leer, deje de ver, deje de hablar, deje de jugar; *es tiempo de actuar*.

Un atajo para llegar al corral de los cerdos

Elí no fue el único pasivo en la historia. Los hijos de Elí se criaron con un sentido de derecho. Desde el día que nacieron sabían que eran sacerdotes y tenían una posición de jerarquía en Israel. Siempre habían vivido la buena vida; no tuvieron que hacer nada para obtener su posición de honor.

Así que ellos siempre fueron mimados y los demás les servían, por tal razón terminaron creyendo que se lo merecían todo, lo que puede terminar en pasividad. Leemos también que estos hijos de Elí: "No tomaban en cuenta al Señor". Sencillamente no les interesaba. Este tipo de pasividad dice: "¿A quién le importa? Voy a obtener todo lo que quiero, intente o no". "No importa si hago algo, de cualquier forma, resultará para bien".

Quiero que cuidadosamente lea la línea que se encuentra aquí debajo para saber si la reconoce.

Arriba, arriba, abajo, abajo, izquierda, derecha, izquierda, derecha, B, A, inicio.

¿Podría identificar el código?

Es un código para hacer trampa en el juego *Contra* de Nintendo[6], el cual era uno de mis juegos favoritos. He escuchado que este código también funciona para otros juegos. Me encanta *Contra*, pero nunca logré pasar el juego.

Un día mi amigo Brian vino a jugar y mientras jugábamos *Contra,* hizo algo que me llamó la atención. Cuando el juego dio inicio, él puso el código para hacer trampa en el control—arriba, arriba, abajo, abajo, izquierda, derecha, izquierda, derecha, B, A, inicio—y obtuvo treinta vidas sin hacer nada. Después de un poco de chantaje, logré que me diera el código a mí también y esto cambió la forma en que jugaba el juego. Desde ese momento en adelante, no tenía que intentarlo con tanto esfuerzo. Ya suponía que todo funcionaría perfectamente bien porque tenía el código para hacer trampa.

La pasividad busca atajos, para trampas, para buscar otra forma fácil de hacer las cosas, mientras que la acción inmediata se mueve en una dirección segura. La pasividad busca la ruta con menos resistencia, el camino ancho. La acción inmediata busca la ruta de la rectitud, el camino angosto.

La pasividad busca hacer trampa. La acción asume la responsabilidad.

La pasividad dice: "Todo se solucionará sin el mayor esfuerzo". La acción dice: "Esto requerirá esfuerzo".

La pasividad dice: "¿Cómo puedo resolverlo de la manera más fácil?" La acción dirá: "¿Qué hay que hacer?".

Al final el hijo pródigo hizo lo que tenía que hacer. Tomó acción. Él rechazó la pasividad, trazó un plan y lo siguió. La acción puede ser así de simple y así de difícil. Seamos honestos: no es fácil levantarse y caminar de vuelta al hogar cuando ha estado acostumbrado a que hagan todo por usted.

De todos modos, obedezca

Quizás usted está leyendo este capítulo y está de acuerdo conmigo. Usted se ha dado cuenta de que hay algo de pasividad en su vida y sabe que tiene que hacer algunos cambios. Quizás usted tiene algunos privilegios o tal vez nunca ha sido una mujer o un hombre de tomar acción. Al mismo tiempo, quizás está leyendo y piensa: *Estoy de acuerdo contigo, pero aún no siento que deba tomar algún tipo de acción.*

Sé cómo se siente.

Puede ser que le suene un tanto frío, o puede ser que le suene trillado; aún así, la realidad es que necesitamos obedecer a Dios sin la motivación de hacerlo, eventualmente nuestras emociones se alinearán con nuestras acciones.

Recuerdo que aprendí esta lección cuando vivía en California. Lo que más me incomodaba era el tráfico. Detestaba quedarme estancado en el tráfico. Un día, me encontraba en una fila de autos sin ver ningún movimiento, pegado al parachoques del auto que estaba frente a mí. Presioné la bocina, con la esperanza de que alguien de los que iba millas más abajo la escuchara y decidieran avanzar un poco. Me mantuve cambiando de carril, intentando avanzar un poco pues me encontraba sumamente estresado.

Sabía que esto no era lo que Dios tenía para mí. Él quería que estuviera en paz. No me sentía en paz, así que decidí fingir que estaba en paz para ver qué sucedía. Pensé: *No soy un hombre pacífico, pero si lo fuera ¿cómo sería?*

Bueno, para principiantes, me alejé del auto que tenía frente a mí. Dejé sonar la bocina y dejé de cambiarme de carril. Un hombre pacífico quizás pone una predicación o un CD de alabanza. Un hombre pacífico probablemente cantaría junto al CD, así que comencé a cantar. Un hombre pacífico comenzaría a sonreír, así que me forcé a sonreír.

Un hombre pacífico saludaría a alguien, así que saludé. Pensé que un hombre pacífico dejaría a alguien pasarse frente a él. Sin embargo, esa es un tanto complicada así que no lo hice.

No sé cuándo sucedió, pero en un momento dado comencé a sentirme en paz. Usted ve, nuestras emociones y nuestras actitudes se pueden alinear con nuestras acciones. Hemos sido llamados a ser obedientes aunque no lo sintamos.

Revise su plan para los cambios que tiene que hacer. Quizás ha hecho la lista antes, ya sea en papel o en su mente y sabe qué es lo que debe trabajar. Identifique el primer paso, tal y como lo hizo el hijo pródigo cuando declaró: "Me levantaré, e iré a mi padre, y le diré…". Él sabía lo que tenía que hacer y lo hizo. Pregúntese cuál es el primer paso que debe tomar y tómelo, quiera o no hacerlo. Entonces se dará cuenta de que a lo largo del camino, con la ayuda de Dios, las actitudes que parecían artificiales terminarán siendo auténticas.

Capítulo 11

PROCRASTINACIÓN: LO HAGO MÁS TARDE

[SE NECESITA UNA INTRODUCCIÓN AQUÍ]

Esta nota lleva semanas al inicio de este capítulo. Siempre que trabajo en un libro, me aseguro de que los capítulos den inicio con una enseñanza clara, una historia interesante o una ilustración intrigante. Lo último que quisiera hacer es iniciar con una definición o con la palabra *procrastinación* para que usted la lea.[1] No, usted se merece algo mejor. Pero no siempre es fácil conseguir esas historias, así que a veces cuando estoy escribiendo, escribo notas como la que está arriba para continuar con el trabajo y más tarde regresar al mismo lugar.

Desafortunadamente, la versión final de este capítulo tiene que salir mañana a la casa publicadora y aún no tengo algo para darle inicio a este capítulo. Sigo suponiendo que podré hacerlo, pero continuamos aquí.

Ahora usted está leyendo el libro y todavía sigo sin una buena introducción. Usted es testigo de las consecuencias de mi procrastinación. Es mi culpa.

Ve, este es el resultado de hablarnos a nosotros mismos diciendo: "lo hago después". Si nos decimos esto una y otra vez, la urgencia se evapora y nuestra procrastinación tiene sus consecuencias.

La acción del hijo pródigo fue inmediata. La palabra *y* en la frase "Y levantándose..." indica una acción rápida. Es mejor entender los versículos 17 al 20 como parte de un solo movimiento. Es una continuación. Lucas 17 dice: "Y volviendo en sí dijo iré..." entonces se levantó y lo hizo. Después de haber tenido un alerta y un momento de justicia y honestidad, generalmente nos sentamos en el corral de los cerdos e intentamos idear un plan o nos prometemos que—próximamente—actuaremos. Pero la Biblia no nos dice que el hijo pródigo: "Al día siguiente se levantó..." o "Después de un periodo de tiempo..." o "Cuando el clima estaba perfecto para viajar..." No, la Biblia dice: "Y levantándose". Tomó acción inmediata.

La procrastinación es una de las herramientas claves de Satanás para prevenir que AJÁ suceda en nuestras vidas. Sabe que si usted no toma acción inmediata, muy pronto regresará a dormir. Por esto es que la procrastinación es tan efectiva: Aunque aún estemos sentados en el corral de cerdos, sentimos que ya hicimos algo. Nos sentimos bien porque no estamos diciendo: "No"; simplemente estamos diciendo: "No ahora". No estamos apagando la alarma; simplemente estamos presionando el botón que la atrasa unos minutos más. Así que tenemos la oportunidad de cerrar nuestros ojos y volvernos a dormir, pero tenemos la intención de levantarnos, solo que un poco más tarde.

Es por esta razón que tendemos a la procrastinación:

Queremos posponer el dolor

¿Por qué razón hacen los comerciales de ejercicios con personas que lucen totalmente felices y relajadas? Usted ha visto esos comerciales, ¿no es así? Una mujer sin pizca de sudor camina sobre la trotadora mientras un hombre levanta pesas con mucha facilidad. Ambos sonríen. Los dos lucen muy calmados como si ejercitarse fuese una forma divertida de pasar tiempo y como si no requiriera ningún tipo de esfuerzo.

Pensamos: *Apenas diez minutos al día y mi abdomen lucirá como el de ella* o *en algunos meses pesaré quince libras menos*. Pero cuando usted acude al gimnasio, ¿qué hacen las personas? Están gruñendo y quejándose, esforzándose con determinación, contorsionando sus rostros con expresiones cómicas muy vergonzosas. No es tan fácil como lo presentan en los comerciales, ¿verdad? Si no requiriera de ningún tipo de dolor físico, actuaríamos. Muchos de nosotros no queremos actuar porque no queremos sentir dolor.

Así que lo posponemos.

Posponemos el ejercicio, porque no queremos dolores musculares.

Posponemos vivir con los recursos que tenemos porque no queremos renunciar a nuestro estilo de vida actual.

Posponemos el buscar ayuda porque no nos queremos sentir vulnerables.

Posponemos pedir perdón porque no queremos sentirnos avergonzados.

El hijo pródigo sabía lo difícil que sería regresar a su hogar. Sabía lo doloroso que sería mirar a los ojos de su padre decepcionado.

Él sabía cuán humillante sería sentir el juicio y la condenación por parte de su hermano mayor. Sabía que sería doloroso, vergonzoso y difícil. Esperar no haría que la situación fuese más fácil. De hecho, mientras más tiempo dilatemos la acción, más difícil será.

Y levantándose...

Queremos prolongar el placer

La verdad es que gastar dinero en una vida alocada en el país lejano suena bien. A veces queremos hablar del pecado como si no fuera divertido... como si no se sintiera bien... o como si no produjera felicidad. La realidad es que generalmente sí produce todo esto. Al final esa felicidad no perdura y trae mucho dolor, pero en el momento produce placer. Existe una razón por la cual las personas tienen sexo libre, se embriagan todos los fines de semana o experimentan con distintas drogas. Ellos experimentan los deseos de este mundo. Ellos dicen: "Me hace sentir bien" o "me permite desahogarme" o "me encanta sentir que alguien me desea".

Aunque sabemos que este tipo de conductas nos dirigen al corral de los cerdos, seguimos pensando que tenemos tiempo para disfrutarlo. Hasta que no llega la hambruna, tendemos a posponer cualquier acción, creyendo que podemos sobrevivir un poco más sin multiplicar las consecuencias.

Desafortunadamente, este tipo de procrastinación tiene el efecto opuesto. Imaginemos que el hijo pródigo vivió en nuestros tiempos. Se hubiese quedado sin dinero, pero entonces, con el fin de prolongar el placer, hubiese continuado su estilo de vida acumulando deudas en una tarjeta de crédito. ¿Cuánto tiempo más hubiese complicado la historia? ¿Hubiese sido peor que llegara a su casa con esa deuda enorme? Imagíneselo diciendo: "Padre, he pecado contra el cielo y contra ti. No tengo dinero y, de hecho, algunos cobradores vienen porque les debo el doble de lo que costaba mi herencia". Mientras más prolonguemos el placer, más doloroso será.

Recientemente leí un artículo acerca de atletas profesionales y cómo lidiaban con su retiro. Muchos de nosotros trabajaremos por alrededor de cuarenta años, entonces nos retiraremos para vivir veinte años o más. Los atletas profesionales trabajan por un periodo de diez a quince años, si tienen suerte, se retirarán por sesenta años. No obstante, muchos de estos atletas viven estilos de vida extravagantes durante sus carreras que pueden mantener hasta que se retiran. En vez de hacer cortes y algunos cambios, intentan prolongar el placer.

Un jugador del cual leí está prácticamente en la bancarrota. Su contrato original mientras jugaba era de un poco más de cien millones de dólares y ahora estaba en la quiebra. Le debía aproximadamente un millón de dólares a su joyero personal. Recibiría un pago tardío de 30 millones de dólares en veinte años de una compañía auspiciadora, lo que lo complicaría más adelante. Ahora se encontraba en bancarrota, pero en veinte años colectaría una excelente suma de $30 millones. Así que podría tomar dinero prestado poniendo como garantía el pago que recibiría en unos años. Como resultado continuó gastando dinero y aumentando su deuda. Él prolongó el placer, pero más tarde el dolor sería mucho más fuerte.

Queremos planificar para que todo resulte perfecto

El plan de acción del hijo pródigo no era complicado. Era bastante sencillo. Levantarse, ir a casa y hablar con su padre. Ese era su plan de acción simple. No planificó detenerse en un pozo para limpiarse. No buscó la manera de recuperar un poco de dinero para no regresar en quiebra. No complicó el plan con pasos innecesarios.

Mantenerlo todo sencillo puede ser difícil, pero cuando usted intenta unir todos los cabos sueltos, terminará frustrado y convencido de que tiene que trabajar más duro. Algunas veces simplemente necesitamos un plan de acción sencillo, aunque no sea perfecto.

Recientemente, un amigo pastor ofrecía en su iglesia una serie acerca de las relaciones y me preguntaron si podía ir a hablar acerca del tema de la intimidad sexual.

Ese es un tema un tanto sensitivo, especialmente cuando eres un predicador invitado. Antes del viaje, hablé con mi esposa y le dije: "Sabes, me pregunto por qué me dieron este tema. De todos los temas posibles, ¿por qué me dieron este?".

Mi esposa me dijo: "En algunas ocasiones es necesario llamar a los expertos".[2]

Así que fui a hablar acerca de la intimidad sexual. Después de hablar, un estudiante universitario que probablemente tenía veintiún años vino a hablar conmigo. Generalmente este tipo de persona se me acerca después de hablar acerca de sexo. La mayoría de ellos se crió en la iglesia y luchan con la pornografía o tienen una novia con la que se les hace difícil abstenerse.

Fue hasta donde mí y me dijo: "Este es mi reto. He salido con esta chica por cuatro años, nos amamos y nos vamos a casar. Hemos luchado por mantenernos puros y hemos hablado acerca de casarnos, aunque mis padres enloquecerían si lo hacemos antes de culminar la escuela graduada. Hemos hecho el compromiso de serle obediente a Dios en esta área de nuestras vidas. Sin embargo, no estoy seguro. Es que yo…". Se detuvo por un momento y finalmente dijo: "No sé si lo haremos. No sé qué vamos a hacer".

Le dije: "Bueno, aquí están tus opciones. No creo que te vayan a gustar ninguna de las dos. Opción número uno: puedes decir que por los próximos dos o tres años vas a ser paciente y puro, que como pareja van a vivir a la forma de Dios. Pero permíteme decirte que se te hará sumamente difícil. Le añadirá una gran cantidad de presión y culpa a la relación. Será difícil".

Continué: "Tu otra opción es decidir casarte y establecer

una fecha para el verano, en ocho meses. Sabes que quieres casarte. Sí, puede ser que tus padres no estén de acuerdo, pero estarán bien. Quizás no tengas mucho dinero al principio, ¿verdad? Pero eso es divertido. Para eso existen las sopas de fideos. Es divertido ser joven, estar casado y ser pobre. Todo estará bien".

Mientras hablábamos intenté imaginarme el resto del panorama. Lo más probable es que sus padres fueran cristianos de toda la vida y él se crió asistiendo a la iglesia. Él sabe lo que dice la Palabra de Dios en cuanto al tema, sin embargo, lleva cuatro años en una relación íntima. Aún así, él y su novia quieren comenzar desde cero y hacer un compromiso.

Me había hecho esta historia en la mente, así que obviamente no le dije nada. Sé lo que es estar en una relación de noviazgo a esa edad y los varones tienen que escucharlo claro.

Entonces me contestó: "Bueno, yo vine al Señor hace apenas unas semanas, así que todo esto es nuevo para mí".

Intenté que no se notara el asombro en mis ojos, pero estaba desconcertado. Este nuevo creyente estaba experimentando AJÁ en esta área de su vida por primera vez ¡y ya estaba tomando acción! Mientras hablábamos un poco más, reconocía cada vez más que no sería nada fácil.

Pero terminamos nuestra conversación así: "Sé que quiero hacer los que Dios quiere que haga, sin importar lo que sea".

Sabía que no existía otra forma de trazar el plan. Sabía que sus padres no estarían necesariamente de acuerdo con la decisión. Sabía que no sería fácil. También sabía lo que Dios quería que hiciera. Aunque la situación era complicada, el plan trazado era simple.

Así que, ¿qué se supone que usted haga? Le sorprenderá cómo en algunas ocasiones una simple llamada telefonica, establecer una cita, cortar una tarjeta de crédito o sacar a una persona de su Facebook podría ser un paso hacia el frente en su viaje de vuelta a casa.

Hombre pequeño, gran diferencia

Una de mis historias AJÁ favoritas en la Biblia se encuentra en Lucas 19. Jesús pasaba por Jericó, donde vivía un hombre llamado Zaqueo. En Lucas 19:2, la Biblia dice: "Resulta que había allí un hombre llamado Zaqueo, jefe de los recaudadores de impuestos, que era muy rico". La versión dice que "era muy rico". La palabra que utiliza el original para referirse a *rico* es "extremadamente rico". Este es el equivalente cultural de múltiples casas de vacacionar y una flota de autos. Él se encontraba en la cúspide.

Sabemos que Zaqueo era muy rico, pero también era de muy baja estatura. La Biblia generalmente no ofrece datos de las características físicas de las personas. Cuando la Biblia da la descripción de alguien, inmediatamente viene a mi mente quién podría hacer ese rol en una obra o en una película. Pensé que Joe Pesci podría ser un buen papel de Zaqueo, ¿verdad? Pesci es este hombre pequeño muy conocido por tener un tono de voz muy alto y molestoso y que además se viste muy bien.

Imagínese a Zaqueo entre la multitud. Era muy pequeño, así que los codos de las personas le pasaban frente a su cara mientras todos estos espectadores se aglutinaban para ver a Jesús.

Zaqueo finalmente dejó de competir para lograr ver a Jesús entre tanta gente y se subió a un sicómoro. Se encontraba arriba en el árbol cuando Jesús pasó.

Esto lo podemos ver en Lucas 19:5-7:

> Llegando al lugar, Jesús miró hacia arriba y le dijo: — Zaqueo, baja en seguida. Tengo que quedarme hoy en

tu casa. Así que se apresuró a bajar y, muy contento, recibió a Jesús en su casa. Al ver esto, todos empezaron a murmurar: "Ha ido a hospedarse con un pecador."

La gente se dio cuenta de que Jesús iba comer con Zaqueo quien era un recaudador de impuestos y en el versículo 7 comenzaron a murmurar: "Ha ido a hospedarse con un pecador". La razón por la cual Zaqueo era considerado pecador no es porque tenía dinero. El problema era cómo lo adquiría.

Zaqueo era un recaudador de impuestos, lo que básicamente lo convertía en el Bernie Madoff de este tiempo, funcionando a través de un antiguo esquema de fraude.

Así es como funcionaba: El recolector de impuestos judío trabajaba para el gobierno romano—el enemigo que ocupaba su territorio—entonces ellos les quitaban el dinero a los israelitas—su propio pueblo. Les decían: "Los impuestos de este año son $150". Entonces ellos les daban cien al gobierno romano y se quedaban con los cincuenta restantes. Así era como los recolectores de impuestos se hacían ricos. Luego cada recolector de impuestos le daría un porciento de esos cincuenta dólares al jefe de los recolectores. Ese era Zaqueo. No era solo un pecador, sino que pecaba para vivir. Era su trabajo. En su tarjeta de presentación aparecía lo siguiente: Pecador certificado.

En Proverbios 20:23 recibimos un alerta: "El Señor aborrece las pesas falsas y reprueba el uso de medidas engañosas". Proverbios 28:6 dice: "Más vale pobre pero honrado, que rico pero perverso".

A fin de cuentas, desde una perspectiva bíblica, la moral es más importante que la prosperidad. A Dios no le importa lo que tienes sino cómo lo obtuviste y cómo lo vas a utilizar. Cuando una persona acumulaba dinero como lo hizo Zaqueo, nadie quería tener algo que ver con esa persona.

Pero cuando Jesús vino y le dijo a Zaqueo: "Voy a comer en tu casa", Zaqueo se emocionó. Era un honor que un rabí se detuviera a comer en la casa de alguien. Me parece que Zaqueo estaba acostumbrado a comer bien, pero solía hacerlo sin compañía. Las personas del pueblo probablemente lo querían lejos, mucho menos querían ir a su casa y que los vieran con él.

No obstante, algo sucedió durante esa comida que cambió el corazón de Zaqueo.

Él había acumulado riquezas, pero también había intentado conseguir algún tipo de satisfacción. Nada había funcionado hasta ahora, pero cuando conoció a Jesús dijo: "¡Esto es! Esto es lo que estaba buscando". Tuvo este alerta repentino a raíz de su encuentro con Jesús. Se dio cuenta de que estaba buscando algo que el dinero no puede comprar.

Zaqueo también tenía que enfrentarse a algunas verdades. La realidad de que le había dado la espalda a su propio pueblo y que no podía culpar a nadie por esto. Algunas personas pobres se habían empobrecido mucho más debido a sus acciones. En ocasiones los campesinos tuvieron que quedarse sin comer gracias a la avaricia de Zaqueo. Tuvo que echarle un vistazo a su vida con honestidad y tomar responsabilidad por lo que había hecho.

Así que esto es lo que leemos en Lucas 19:8:

> Pero Zaqueo dijo resueltamente: —Mira, Señor: Ahora mismo voy a dar a los pobres la mitad de mis bienes, y si en algo he defraudado a alguien, le devolveré cuatro veces la cantidad que sea.

Zaqueo se dio cuenta de forma sorprendente y ante a la verdad honesta, tomó acción. ¿Se imagina cómo esto debe haber sido un testimonio para el pueblo?

Un poco hacia atrás en este mismo capítulo, vemos cómo las personas estaban molestas con Jesús porque iba a comer con un pecador. ¿Qué cree usted que pensaron después que Zaqueo salió y anunció lo que iba a hacer? ¡Deben haber estado impresionados!

Cuando su experiencia AJÁ encuentra su cumplimiento en la acción inmediata, Jesús se glorifica. Cuando estas personas vieron a Zaqueo ser transformado, sabían que solo había podido suceder gracias a Jesús. Lo mismo sucede con nuestras vidas. Nuestros amigos deben haber sido testigos de nuestras malas decisiones. Cuando experimentamos AJÁ y tiene como resultado acción inmediata y cambios en nuestra vida, reconocerán que no es por nuestras fuerzas o nuestra determinación. Todo fue gracias a Jesús.

Aquí está la frase a la que quiero prestarle atención en la historia de Zaqueo. En el versículo 8, antes de que Zaqueo anunciara su plan dijo lo siguiente: *"Ahora mismo voy a dar…"*.

Ahora mismo.

No voy a esperar a después. No voy a esperar hasta que alcance cierto nivel. No voy a posponerlo. Sino que *ahora mismo* elijo ser generoso y les voy a devolver a todos a los que les robé.

Ese es su reto el día de hoy. Tome acción inmediata. Comience *ahora mismo*.

La historia de Zaqueo termina en el versículo 9: "Hoy ha llegado la salvación a esta casa", le dijo Jesús, "ya que éste también es hijo de Abraham. Porque el Hijo del hombre vino a buscar y a salvar lo que se había perdido".

He sido bendecido por tener la oportunidad de haber escuchado y leído tantas historias AJÁ a través de los años, y he notado que aunque difieren en algunos detalles, las personas que las cuentan son muy similares. De hecho, después de leer cientos de historias, me sorprende que casi todas incluyen un tiempo específico y un lugar específico:

Estaba en la sala de mi casa una tarde…
Tarde esa semana estábamos en la iglesia…
Esa mañana me senté en el auto…

Generalmente nos acordamos del tiempo y del lugar, porque en ese preciso momento, dejamos de posponer el cambio y le permitimos a Jesús que lo ahora mismo. Esto es lo que hace Jesús. Él cambió el corazón de Zaqueo y también lo hace con nuestros corazones. Pero tiene que ser *ahora mismo*.

Shakespeare dijo: ¡mañana, mañana y mañana! Todos nuestros ayeres han iluminado engañosamente el camino hacia la polvorienta muerte".[3] Cuando ocurre un despertar y usted vuelve en sí y sabe que hay ciertas cosas que debe hacer, usted piensa para sí mismo: *Mañana lo haré*… o *La semana que viene voy a*… Ese no es el Espíritu Santo. El Espíritu Santo no procrastina.

[SE NECESITA UNA CONCLUSIÓN AQUÍ]

La historia de cómo tomó acción será el final perfecto para este capítulo.

Lo dejo comenzar:

Ahora mismo…

Capítulo 12

DERROTISMO: YA ES DEMASIADO TARDE

Recibí una llamada de una mujer de nuestra iglesia cuya madre estaba a punto de morir de cáncer del páncreas. Su madre, Paulette, no tenía mucho tiempo de vida. La gente del hospicio había estado llamando. Su hija me dijo que su madre Paulette no asistía a la iglesia desde que era muy joven. Probablemente habían pasado sesenta años desde la última vez que habló con un pastor. Sin embargo, Paulette quería que alguien le hablara acerca de Jesús, así que su hija le preguntó si yo podía ir a visitarla para hablar con ella. Le dije que sería un honor hacerlo y me dirigí hasta su casa.

Cuando entré por la puerta y vi a Paulette, el estrago que había causado esta enfermedad era muy visible. Estaba demasiado débil para caminar, así que se sentó en una silla de ruedas. Su esposo estaba allí, en excelente estado de salud, y tan pronto entré, me hizo saber que él no era cristiano y que no tenía ninguna intención de serlo. Él pertenecía por completo a otra fe.

Él me sonrió y me dijo: "Dame treinta días y te convierto a mi fe".

Inmediatamente me gustó como era.

Lo seguí mientras el llevaba a Paulette a otra habitación y entonces nos dejó solos. Me senté justo al lado de ella y comencé a decirle lo que la Biblia enseñaba. Le expliqué: "La Biblia dice, Paulette, que todos hemos pecado".

Fue difícil decirle esto a una mujer anciana que estaba a punto de morir de cáncer del páncreas, pero estaba seguro de que ella ya sabía lo que le estaba diciendo. Cuando una persona está a punto de morir y pide hablar con un pastor, hay ciertas cosas que no se pueden dejar pasar.

Así que le dije a Paulette: "Yo he pecado; tú has pecado. La Biblia dice que la paga de nuestro pecado, el castigo que merecemos a causa de nuestro pecado, es la muerte. Pero hay una buena noticia. La Biblia nos enseña que 'De tal manera amó Dios al mundo que envió a su único Hijo'. Y si ponemos nuestra confianza en Él, no pereceremos sino que tendremos vida eterna. Jesús vino a este mundo y murió en una cruz para perdonarnos de nuestros pecados. Llevó sobre Él nuestra culpa. Así que si ponemos toda nuestra confianza en Jesús nuestro Señor y Salvador, somos perdonados. No puedes salvarte a ti misma. No importa cuánto bien hagamos en este mundo. Es un regalo que viene departe de Dios a través de Jesús. En Él hay un nuevo comienzo y la promesa de una vida eterna".

Paulette comenzó a llorar.

No eran lágrimas emocionales como las derramaría cualquiera que regresa del país lejano. A ella le conmovió algo que yo dije. No estaba seguro de qué era lo que había causado su llanto, así que le pregunté: "¿Por qué lloras?".

Permaneció cabizbaja. "Solo esperaba que no hubiese sido demasiado tarde", me dijo. "He tenido muchas oportunidades, pero ¿qué puedo hacer ahora? Ya es demasiado tarde".

Muchos de nosotros hemos escuchado el evangelio como

lo escuchó Paulette ese día. Ella escuchó que todos hemos pecado y que Dios envió a Jesús a morir por nosotros y a ofrecernos una segunda oportunidad, pero por alguna razón añadimos la condición de que tenemos que aceptar este regalo en un cierto espacio de tiempo antes de que la factura de nuestros gastos en el país lejano no exceda los límites.

Vemos la debacle en la que estamos y en vez de tomar acción, nos decimos a nosotros mismos: "Es demasiado tarde".

Mis hijos están grande,

Mi matrimonio está muy destrozado.

Mi amigo está demasiado enojado.

Mi reputación está demasiado dañada.

Mi deuda es exorbitante.

Mi adicción es muy fuerte.

Mi vida es un desastre.

La vida puede llegar al punto de hacernos creer que hemos llegado demasiado lejos. Hay demasiadas piezas sueltas que juntar. Me imagino que el hijo pródigo debe haberse sentido así. Su vida no se arreglaría fácilmente. Pero eventualmente, tenía que decidir que no había nada que perder. Ya no tenía dinero. No tenía amigos. No tenía más fuerza física. No tenía más opción. A veces es necesario que lleguemos a este punto, porque es el mejor lugar para experimentar AJÁ, aunque no necesariamente tiene que ser así.

Un ladrón en la cruz

Si existe un hombre que pensó que era demasiado tarde ese fue el hombre que crucificaron junto a Jesús. La Biblia nos dice en Mateo 27 que había dos criminales crucificados al lado de Jesús. La Escritura también nos dice que ambos se burlaban de Jesús y le decían comentarios crueles. Pero algo sucedió con unos de los criminales. Él experimentó AJÁ mientras colgaba de la cruz junto a Jesús.

Lucas también nos relata lo que sucedió:

> Uno de los criminales allí colgados empezó a insultarlo: —¿No eres tú el Cristo? ¡Sálvate a ti mismo y a nosotros! Pero el otro criminal lo reprendió: —¿Ni siquiera temor de Dios tienes, aunque sufres la misma condena? En nuestro caso, el castigo es justo, pues sufrimos lo que merecen nuestros delitos; éste, en cambio, no ha hecho nada malo. Luego dijo: —Jesús, acuérdate de mí cuando vengas en tu reino. —Te aseguro que hoy estarás conmigo en el paraíso —le contestó Jesús.
>
> Lucas 23:39-43

¿Puede verlo? Tuvo un alerta repentino. Él vio quién realmente era Jesús. Fue brutalmente honesto al aceptar que el castigo que le habían impuesto era lo que merecía por su pecado. Entonces tomó acción. Defendió a Jesús y le suplicó que lo ayudara. En su aliento de muerte, le pidió a Dios que lo salvara. ¿Qué le hizo pensar que era demasiado tarde?

Él era un criminal convicto que tenía que morir por los crímenes que cometió, y no tenía mucho tiempo para hacer las cosas bien, tampoco le quedaba tiempo para restituir lo que había robado.

Comencé a imaginar qué provocó que él pensara que no era demasiado tarde para actuar. Él escuchó cuando Jesús gritó: "Dios mío, Dios mío ¿por qué me has desamparado?" (Mateo 27:26).

¿Habrá sido eso lo que lo cambió? Las palabras que Jesús decía venían del Salmo 22, una pieza de la literatura que hablaba acerca de unas manos y unos pies clavados mucho antes de que el castigo de la crucifixión se realizara.

¿Por qué Jesús se sentía abandonado y separado de Dios? Bueno, por primera vez en su corto tiempo en la tierra, no tenía una perfecta relación de comunión con el Padre. En 2 Corintios 5:21 nos lo explican: "Al que no cometió pecado alguno, por nosotros Dios lo trató como pecador, para que en él recibiéramos la justicia de Dios".

Lea esto nuevamente.

Jesús se hizo pecado.

Él llevó sobre Él el pecado del mundo y eso lo separó de su Padre. Él fue separado para que pudiera ser unido nuevamente. ¿Será esto lo que transformó al ladrón aquel día? No podemos decir exactamente.

El ladrón debe haber escuchado a Jesús mientras hablaba con María, su madre. Ella estaba cerca de la cruz junto a Juan, el discípulo amado. Jesús les dijo a ellos: "Mujer, he ahí tu hijo... [Juan] he ahí tu madre". Eso debe haber suavizado el corazón del ladrón. Jesús estaba experimentando el dolor más difícil que se pueda imaginar y, en medio de todo esto, pensó en su madre. Quería estar seguro de que tendrían cuidado de ella. Qué amor tan desinteresado. Quizás ese fue el momento.

Permítame decirle en qué momento creo que sucedió. Seguramente lo que hizo que el ladrón tomara acción fue la oración que Jesús hizo en la cruz. Jesús oró por los soldados que lo crucificaron. Jesús nunca pidió su destrucción. Tampoco oró para que recibieran un castigo. Él oró para que Dios los perdonara.

El ladrón estaba pasando por el mismo sufrimiento que Jesús a manos de los mismos soldados. Podía haber estado lleno de coraje y rabia hacia los responsables. Pero Jesús dijo: "Padre, perdónalos".

¿Qué hubiese hecho usted con esa gracia? Creo que esto quebrantó al ladrón. Su corazón se ablandó en ese momento.

¿Quién era este hombre que pedía el perdón para los que lo ejecutaban?

Quizás, el ladrón pensó, *no es muy tarde para mí después de todo.*

El momento perfecto

Por instinto, agarré la mano de Paulette.

En este momento ella no era la única que lloraba, también había lágrimas corriendo por mis mejillas cuando le dije: "Oh, no, no, no. Es el momento perfecto. Nunca es tarde para Jesús". Allí en aquella habitación oramos juntos. La dirigí en una oración de arrepentimiento y confesión. Después de todo, aunque seguía físicamente débil, quiso bautizarse para expresar su fe. Fue un momento hermoso cuando la bautizamos junto a su hija y su nieta. La experiencia de Paulette me inspiró mucho. Es necesario ser muy valiente para llegar al final del camino, darse cuenta de que el fin es la muerte, y entonces hacer un viraje y regresar.

El hijo pródigo llegó hasta el final del camino, pero estaba decidido actuar. "Y levantándose..." decidió actuar, pero ¿cómo recibirían su discurso cuando llegara a su casa?

Esta pregunta debe haber cruzado por su mente mientras iniciaba la travesía de regreso a casa. Hizo lo que pudo, pero honestamente, no era suficiente. Él se humilló y se hizo responsable de sus propios actos, pero ¿esto era suficiente?

Muchos de nosotros suponemos que nuestra relación con Dios se mide cuantitativamente. Así que la palabra *suficiente* persigue a los cristianos. Le echamos un vistazo a nuestras vidas, contamos todo lo que hemos hecho bien y lo que hemos hecho mal y nos enfrentamos a la realidad de que: *nunca haremos lo suficiente.* No podremos eliminar nuestros errores. Claro, podemos enmendar algunos errores, pero todos podemos observar nuestras vidas y admitir que—de una forma u otra—hemos hecho un daño irreparable. No hay tiempo suficiente para hacer las cosas bien, así que terminamos sin hacer nada. El tiempo de actuar llegó y pasó. Entonces cabizbajos decimos: "Es demasiado tarde".

Intentar hace las cosas peor

El verano pasado mi familia tuvo la oportunidad de vigilarle la casa a unos amigos. Normalmente vigilarle la casa a alguien no parece ser muy divertido, pero estábamos en medio del calor del verano y esta familia tenía en su patio una piscina de las que se instalan sobre el nivel del suelo. Mis hijos estaban muy emocionados por esto. Estábamos preparados para relajarnos en la piscina y controlar el calor.

La primera semana que nos quedamos en la casa, mi esposa dijo: "Oye, creo que hay un escape en la piscina porque parece que ha perdido agua. Seguramente el nivel de agua bajó durante la noche".

Entonces fui e investigué y, efectivamente, el nivel de agua había bajado aproximadamente de seis a siete pulgadas desde el día anterior. Examiné el exterior de la piscina, pero no pude encontrar dónde estaba el escape de agua.

Entonces pensé que tendría que entrar a la piscina para verificar por dónde se salía el agua. Esto implicaba tener que buscar unas gafas para nadar. Los únicos que pude encontrar fueron unos de color verde propiedad de mi hijo. Me quedaban tan apretados que me cortaban la circulación del resto de la cabeza, pero eran los únicos que tenía. Se adhirieron a mi cabeza como dos erizos de mar y entonces me sumergí y comencé a buscar por dónde se salía el agua. Efectivamente, encontré un pequeño agujero cerca del fondo de la piscina que era del tamaño de la goma de borrar de un lápiz. El agua se salía constantemente, pero el problema no era tan grave, así que pensé que no era necesario arreglarlo inmediatamente.

Esa tarde fui a una tienda donde venden artefactos para piscinas. Les expliqué la situación y ellos me vendieron un parcho redondo hecho de vinil transparente, junto con un pegamento transparente que lucía como cemento plástico. El empleado de la tienda me dijo: "Le coloca el pegamento al parcho. Se sumerge hasta llegar al agujero y lo sella".

Así que regresé a la casa de mi amigo, le coloqué el pegamento al parcho, me sumergí hasta donde estaba el escape de agua y cuidadosamente presioné el parcho en el agujero.

Como me dijeron ellos, no fue difícil.

Pero entonces el agujero se agrandó.

En un instante me encontraba sellando un escape de agua del tamaño de la goma de borrar de un lápiz y segundos después un agujero del tamaño de un balón de baloncesto succionaba mi mano. Este enorme agujero también intentaba succionar dieciocho mil galones de agua todo de golpe. Mi cerebro entró en pánico, le decía a mi mano que se retirara, pero había demasiado peso impulsado hacia el fondo.

Un pensamiento vino a mi mente: *Me voy a ahogar en la piscina de mi amigo*. Desesperado por no convertirme en el objeto de la ilustración sermón de otra persona, me impulsé con todas mis fuerzas desde el fondo de la piscina y logré salir.

Una vez fuera de la piscina, algo en mi mente me dijo: *Busca toallas*. Así que agarré unas cuantas toallas e intenté tapar el agujero.

El agujero se abrió mucho más.

Culminé viendo cómo dieciocho mil galones de agua se perdían en el patio de la casa de mi amigo.

Solo pensaba: ¿Qué acaba de suceder?

Hubiera deseado que esta historia tuviera un final feliz, pero no fue así. De hecho, ni siquiera me dieron un reembolso por el parcho que compré. Mi intento fue un desastre total. Convertí un pequeño agujero en un enorme desastre.

Algunos de nosotros hemos intentado remendar algunas cosas con parchos, pero la situación no ha terminado nada bien. Hemos actuado con buenas intenciones, pero nuestros intentos por enmendar la situación han culminado en algo peor. Hemos intentado reconciliarnos con alguna persona, pero todo terminó con insultos y respuestas de las que más tarde nos arrepentimos. Hemos establecido límites y nos hemos distanciado de la tentación, pero la recaída parece inevitable. Nos levantamos nuevamente, determinados a hacerlo mejor, pero la caída resulta ser peor.

Usted debe haber leído este pensamiento alguna vez: *He intentado cambiar y nunca lo he logrado. Es demasiado tarde.* Permítame hacerle algunas preguntas:

Cuando intenta enmendar sus errores ¿lo hace a su manera o a la manera de Dios?

Cuando usted intenta comenzar de nuevo, ¿fue bajo sus términos o bajo los términos de Dios?

Cuando intentó por última vez actuar ¿fue totalmente justo y honesto consigo mismo y con Dios, o usted pasó por alto la justicia y fue del alerta a la acción?

Cuando intentó mantenerse firme ¿lo hizo bajo sus propias fuerzas o con la ayuda de Dios?

Cuando usted tomó acción ¿fue motivado por la culpa y la vergüenza o por el amor y la gracia de Dios?

Me toca a mí

Quizás usted se acuerda de haber visto en el 2010 a Tiger Woods disculparse por las relaciones adúlteras que había tenido. Él tuvo un alerta; un palo de golf amenazándolo en su cabeza siempre funciona. Él tuvo un momento de justicia y honestidad, todas las revistas cubrieron el escándalo. Por quince minutos, llevó a cabo su plan de acción para decirle al mundo lo que iba a hacer. En su entrevista, Tiger mencionó su fe budista y las enseñanzas de Buda eran muy evidente en sus palabras. Los budistas siguen ocho pasos, una ruta religiosa que se basa solamente en cómo actúe el individuo. Si puede vivir una vida suficientemente buena o vidas múltiples, puede obtener los puntos suficientes para alcanzar la iluminación y el Nirvana. Y como simplemente es necesario ser suficientemente bueno, siempre hay mucho que hacer. Podía escuchar todo esto en el mensaje de Tiger. Habló mucho acerca de las acciones que tenía que tomar. Estas son alguna de las frases que utilizó:

> *Tengo mucho que reponer...*
> *Ahora me toca a mí...*
> *Tengo un largo camino por recorrer...*
> *Yo soy el que necesita cambiar...*
> *Tengo que lograr que mi conducta sea más*
>   *respetuosa...*
> *Me toca a mí...*
> *Tengo mucho trabajo que hacer...*

Mientras observaba a Tiger Woods excusarse, pensé mucho en la parábola del hijo pródigo. Mientras Jesús relataba la parábola, toda la audiencia del primer siglo probablemente pensaba igual: su padre le daría un escarmiento. El padre lo va a desheredar y tampoco querrá verlo. El hijo pródigo, al igual que Tiger Woods, tenía mucho trabajo que hacer para expiar sus pecados. Lo menos que le sucedería era que lo pusieran a palear excremento hasta que le devolviera a su padre todo lo que había gastado y con intereses.

Leemos la acción del hijo: "Y levantándose vino a su padre...".

¿Pero qué haría el padre? Un espíritu de derrota es lo razonable si todo dependiera de nosotros. Si solamente pudiéramos lograr que todo saliera bien con nuestras acciones, entonces, sí, para muchos de nosotros es demasiado tarde, *muy tarde*. Un espíritu de derrota viene porque no sabemos cómo el Padre actuará cuando lleguemos a casa.

Así es como Jesús lo presenta en Lucas 15:

> Y levantándose, vino a su padre. Y como aún estuviera lejos, lo vio su padre, y fue movido a misericordia, y corrió, y se echó sobre su cuello, y le besó. Y el hijo le dijo: Padre, he pecado contra el cielo, y delante de ti, y ya no soy digno de ser llamado tu hijo. Mas el padre dijo a sus siervos: Sacad el principal vestido, y vestidle; y poned un anillo en su mano, y zapatos en sus pies. Y traed el becerro grueso, y matadlo, y comamos, y hagamos banquete; porque éste mi hijo muerto era, y ha revivido; se había perdido, y es hallado. Y comenzaron a hacer banquete.
>
> Lucas 15:20-24, JBS

En esta historia hay dos partes que deben haberle causado una conmoción a la audiencia del primer siglo. Primero, el hijo pródigo pidió su parte de la herencia mientras su padre aún estaba vivo. Un estudioso judío señaló que si un hijo hacía esto en esa época era equivalente a desear que el padre se muriera.

Pero más chocante aún que la falta de respeto del hijo y su egoísmo frío fue el amor inmerecido y extravagante que le expresó el padre cuando este regresó. La forma en que Jesús describió la gracia y el amor del padre era escandalosa.

El hijo todavía "estaba lejos" cuando el padre corrió hacia él. El padre no iba a esperar. Así como Dios no puede esperar a que regrese a casa por su cuenta. De hecho, antes de que usted tomara la decisión de actuar, Él ya había actuado. La Biblia dice que aunque éramos pecadores, Jesús murió por nosotros. Aun cuando estábamos en el país lejano dándole de comer a los cerdos, Él actuó.

Lo que lo hace aún más chocante es el detalle de cómo actuó el padre: corrió hasta su hijo. Culturalmente esto no podía suceder. El patriarca de una familia judía no corría. Nunca se levantaría su túnica para correr. No era sofisticado. No era un acto refinado. No era de una persona distinguida.

No es muy tarde porque el padre recuperó el tiempo perdido.

Échele un vistazo nuevamente a la respuesta del padre cuando recibe al hijo. Jesús dijo que el padre: "se echó sobre su cuello, y le besó".

No es demasiado tarde porque el Padre le ama tal y como es usted. Nosotros pensamos: *Es demasiado tarde. No tengo tiempo para limpiarme. No tengo tiempo para poner mi vida en orden.*

Pero el padre amaba al hijo tal y como este era. Él no esperaba que su hijo regresara limpio y bien vestido. Él recibió a su hijo maloliente, sudado y cuidador de cerdos con un abrazo de oso y la palabra *beso* en este pasaje de la Biblia quiere decir que le dio muchos besos.

Cuando usted finalmente actúa, su Padre celestial viene corriendo con sus brazos abiertos. Él lo ama tal y como es usted, pero no lo deja quedarse así. Él le pone sus mejores vestiduras encima de su cuerpo sucio. Él le da un anillo. Él mata al mejor becerro que tenga.

Las personas de ese entonces en el Oriente Medio raramente, casi nunca, comían carne para la cena. Era considerada una comida extraña. Ocasionalmente se servía para las fiestas. Así que no había nada más extravagante que matar el becerro más gordo.

El enfoque de esta historia cambia de enfoque de las acciones del hijo a las acciones del padre.

En nuestras vidas, hacemos la historia solo con nuestra versión, y sentimos que ya es demasiado tarde.

AJÁ.

Para concluir, le pregunté a un amigo si podía compartir su historia JA.

Hace dieciocho años dejé mi hogar y me fui a estudiar a la Universidad de Colorado. Estaba en una fraternidad y me especializaba en las fiestas. Por los primeros tres semestres, no me detuve y ni siquiera pensé en lo que estaba haciendo. No oraba nunca. Después de que pasaron esos tres semestres, la realidad me golpeó. Ya no podía evadir la realidad de lo que estaba sucediendo. Fracasé en cuatro clases. Esa fue la alarma de alerta. Sabía que tenía que hacer unos cambios.

Tenía que salir de la fraternidad y dejar a algunos de mis amigos, pero lo que realmente tenía que hacer era cambiar mi relación con Dios, si es que todavía Él así lo quería.

En la casa de la fraternidad no había privacidad para hacerle una llamada a mis padres para explicarles por qué había fracasado, así que tomé el teléfono y me fui al baño. Me acuerdo que había una pila de revistas con pornografía y no quería mirar en esa dirección, así que me senté encima de ellas.

Llamé a mis padres y les dije que había fracasado en varias áreas de mi vida, no solo en mis calificaciones, sino que también en mi caminar con Dios. Me había apartado de Él.

Mis padres escucharon todo lo que tenía que decir y luego me dijeron cuatro palabras.

No me dijeron: "Cambia tu vida".

No me dijeron: "Haz las cosas bien".

No me dijeron: "Busca ayuda".

No me dijeron: "Arréglatelas como puedas".

No me dijeron: "Te amamos".

No me dijeron: "Te perdonamos".

Fue mejor que todo eso.

Lo que me dijeron fue:

"Solo vuelve a casa".

Capítulo 13

PERDIDO EN LA CASA DEL
PADRE: EL ÚLTIMO AJÁ

Un joven camina por un largo camino. Podemos ver que lleva puesta ropa malgastada; sus mangas están cubiertas de lodo.

El joven se deja ver desde el horizonte, caminando muy decidido. Pero, de repente, la imagen distante se oculta, otra figura corre hacia él.

Este hombre adulto corre enloquecido hacia el joven.

Ambos se alcanzan y se confunden en un abrazo. El joven, con rostro solemne y reteniendo las lágrimas, intenta comunicarle un mensaje al hombre. El hombre no parece escucharlo, lo besa y las lágrimas de alegría comienzan a bajar por su anciano rostro. Él mira hacia atrás y llama a alguien.

Vemos un terreno lleno de gente. Hay mesas preparadas con todo tipo de alimento. Aún los invitados no han comenzado a comer. Todas las miradas se concentran en una mesa que está al fondo del terreno. El joven ahora tiene puesta una túnica deslumbrante y ya hay color en sus mejillas.

Él sonríe mientras observa al hombre parado en el extremo de la mesa dirigirse a los invitados. Entonces levanta su copa.

Todos los presentes levantan sus copas y brindan junto a él, aplauden después de que toman.

Después de la fiesta de bienvenida

Los espectadores escucharon a Jesús hablar de la celebración del hijo que regresa a casa y todos pensaban que la historia se había terminado.

Me imagino a Jesús diciendo las últimas palabras de la parte de la celebración y entonces hace una pausa. Los que escuchaban quizás movieron sus cabezas de un lado al otro mostrando que estaban intrigados por la historia tan interesante. A todos nos agradan los finales felices, ¿verdad? Para ser justos: "Entonces todo el mundo comenzó a celebrar" suena como el final patético que a muchos les gusta: "entonces vivieron felices para siempre".

Entonces Jesús aclaró su garganta y utilizó una palabra clásica que sirve de transición en las historias. Terminó la escena de la celebración, que todos pensaban que sería el final de la historia, y dijo: "Mientras tanto...".

Los espectadores muy atentos deben haber recordado que Jesús comenzó la historia con un corto, pero importante detalle: "El hombre tenía dos hijos". Después de su oración de apertura, la historia se concentró totalmente en el hijo menor y el padre. Pero cuando las personas llegaron a la escena de la celebración, no había ningún hermano mayor por los contornos.

Muy temprano ese mismo día, un hombre trabajaba la tierra fuertemente. Él era el hermano mayor, cuidando fielmente los terrenos de su padre. Mientras el sol se posaba sobre el terreno, el hijo mayor escuchó conmoción entre los familiares. Entonces llamó a uno de los siervos de su padre para preguntarle qué sucedía. El siervo muy contento le explicó que su hermano menor había regresado y que su padre organizaba una celebración. Ante estas palabras el hermano mayor se enfureció.

Los siervos del padre lo invitaron, pero el hermano mayor regresó al campo y se rehusó a ir, despreciando la invitación con frialdad.

Más tarde, ese mismo día, el padre se dirigió hasta donde estaba el hijo mayor trabajando. El padre se acercó a su hijo mayor rogándole. El padre le suplicaba al hijo mayor que celebrara el regreso del hermano menor. Pero así fue como respondió:

> Pero él le contestó: "¡Fíjate cuántos años te he servido sin desobedecer jamás tus órdenes, y ni un cabrito me has dado para celebrar una fiesta con mis amigos! ¡Pero ahora llega ese hijo tuyo, que ha despilfarrado tu fortuna con prostitutas, y tú mandas matar en su honor el ternero más gordo!"
> "Hijo mío —le dijo su padre—, tú siempre estás conmigo, y todo lo que tengo es tuyo. Pero teníamos que hacer fiesta y alegrarnos, porque este hermano tuyo estaba muerto, pero ahora ha vuelto a la vida; se había perdido, pero ya lo hemos encontrado".
> Lucas 15:29-32

Ahora bien, no se pierda esto: el hermano mayor nunca se alejó de su padre, nunca quebrantó las reglas, nunca fue al país lejano, pero *tampoco había experimentado AJÁ*. Pregúntese entonces cuál historia es más trágica: la del hijo menor que lo perdió todo y terminó en un corral de cerdos, pero experimentó AJÁ, o si es la del hermano mayor que siempre vivió en la casa del padre y siguió todas las reglas, pero nunca experimentó AJÁ.

De hecho, en su discurso revela que estaba decepcionado con su padre. Sus palabras reflejan disgusto por la gracia extravagante que le mostraron a su hermano menor. Le demandó una explicación a su padre. El hermano mayor esperaba lo que algunos de los que escuchaban la historia que les hacía Jesús esperaban: querían justicia para el pecador.

El dilema del hermano mayor

Para entender la idea de esta parábola, tiene que regresar al inicio del capítulo. Lucas 15:1 dice:

> Muchos recaudadores de impuestos y pecadores se acercaban a Jesús para oírlo.

Esta era parte de la audiencia con la que contaba Jesús en ese momento. Espiritualmente hablando, estos eran los hermanos menores. Están lejos del Padre, viven en el país lejano.

Pero estos no eran los únicos que estaban de espectadores. Lea el versículo 2:

> De modo que los fariseos y los maestros de la ley...

Estos son los hermanos mayores.

Los fariseos y los maestros de la ley pasaban sus días sumidos en el estudio y en el trabajo del clero. Y aquí estaban mirando por encima del hombro a Jesús por pasar tiempo con los hermanos menores.

Así que Jesús utilizó el ejemplo del hermano mayor en la parábola para hablarles a ellos. Él sabía que el mayor reto de ser el hermano mayor es que usted casi nunca se visualiza como el hermano mayor. Él creó un personaje que lo haría todo bien, un hijo que había sido fiel y había trabajado duro para el beneficio de su padre.

Así es cómo sin duda la mayoría de los fariseos se veían a sí mismos. Espiritualmente hablando, estos hombres literalmente trabajaban en la casa del Padre, pero sus corazones estaban lejos de Él.

Su entendimiento acerca de Dios era deficiente. Lo veían como un Dios duro y falto de perdón. Una perspectiva como esta es la que presenta a Dios como un policía cósmico, que patrulla el universo, en la espera de que alguien cometa un error para poder castigarlo y otorgarle un veredicto eterno.

Mi cuñado es un oficial de la policía. Todos los que estamos relacionados a un policía sabemos que sus historias nunca superará a las de los demás. Mi historia del momento que descubrí la palabra original en griego para *popó*[1] nunca superará su historia de cómo bajó de un helicóptero para incinerar plantaciones ilegales de marihuana.

Recuerdo que en una ocasión me habló acerca de diferentes escenas de accidentes a las que había llegado, incluyendo una en la que hubo heridas graves. Mientras me contaba acerca de estos accidentes le dije: "Bueno debe haber habido un gran alivio cuando te vieron llegar a la escena. Las personas se deben haber sentido mucho mejor cuando te vieron llegar en la patrulla".

Me dijo: "En realidad, no. En muchas ocasiones se encuentran sumamente nerviosos porque cuando llego a la escena, estoy ahí para investigar. Llego para buscar quién es el culpable". Pausó por un momento antes de continuar: "Pero siempre les trae cierto alivio ver a los paramédicos. Es que la labor de los paramédicos es libertar a los que quedan atrapados, vendan a los que están heridos y socorren a los que tienen algún dolor".

Mientras escuchaban a Jesús, los fariseos aprendieron lo

que se nos olvida a todos con mucha facilidad: los seguidores fieles de Jesús no están en la tierra para culpar a nadie; estamos aquí para libertar a los que están atrapados, vendar a los heridos, ayudar a los adoloridos y celebrar su llegada de regreso a casa.

AJÁ.

Al hermano mayor le indignó ver la reacción del padre. Estos hermanos mayores debían haber trabajado duro y fielmente atendían las siembras, pero se encontraban perdidos dentro de la casa del padre.

No habían tenido un alerta.

No había justicia y honestidad.

No hubo acción.

La verdad es que él también era un hijo pródigo. Su corazón también estaba alejado del padre. Él también estaba perdido, pero no se dio cuenta. Tim Keller lo planteó de la siguiente forma: "El hijo malo estaba perdido en su maldad, pero el hijo bueno estaba perdido en su bondad".[2]

En alguna ocasión usted debe haber estado en el país lejano. Usted debe tener un currículo religioso impresionante. Debe haber seguido todas las reglas. Debe haber leído este libro pensando en todas las personas que usted conoce que están en el país lejano y deben leer lo que usted está leyendo. Pero pregúntese si quizás es a usted a quien Dios le ha estado hablando todo este tiempo.

Como los hermanos mayores tienen una gran dificultad en verse a sí mismos en la necesidad de AJÁ—Lo sé, yo también he estado ahí—quiero darle unas cuantas descripciones de cómo es el hermano mayor:

Critica el pecado de otros

El hermano mayor se enfoca generalmente en las fallas de los demás. No quieren aceptar ningún arrepentimiento de parte de los pródigos, porque no pueden ver sus propios errores pasados.

Así que una persona intenta darle un giro a su vida después de vivir una vida llena de mentiras y en vez de servir de aliento y darle ánimo, el hermano mayor se encarga de sacarle en cara las mentiras que dijo en el pasado.

Por ser críticos con el pecado de los demás, a los hermanos mayores se les hace difícil celebrar cuando sucede AJÁ.

Si usted se niega a celebrar cuando regresan del país lejano, es un buen indicativo de que usted se perdió el AJÁ en su propia vida y se encuentra más perdido de lo que están ellos.

Cuando alguien regresa del país lejano arrepentido y quebrantado y dice que quieren hacerlo todo distinto, el hermano mayor cruza sus brazos en vez de abrirlos en señal de recibimiento. Puede ser que diga cosas como estas: "Vamos a darle un tiempo" o "Bueno, ahora sí que tendrás que hacerlo todo correctamente" o quizás, "Bueno, necesita organizarse".

Bueno, en realidad nadie le preguntó. Esta no es su casa. Es la casa del *Padre*. No le toca a usted decidir quién regresa para ser llamado hijo o hija. Cuando nos negamos a celebrar, demostramos que perdimos el enfoque. Hemos perdido la gracia de Dios en nuestros corazones.

Si supiéramos de qué Dios nos salvó, si estuviéramos conscientes de cuán perdidos estábamos, si pudiéramos ver nuestro pecado con claridad—nunca seríamos de esta forma. Seríamos los primeros en celebrar. El Padre correría y nosotros avanzaríamos detrás de Él, porque sabemos lo que Él ha hecho por nosotros. Cuando vivo con la consciencia de lo que Dios ha hecho por mí—¡oh, Dios!—mis brazos están totalmente abiertos. Pero cuando no estamos conscientes, nuestros brazos permaneces cruzados.

Confianza en cuán bueno es usted

El segundo indicativo del síndrome del hermano mayor es que su confianza descansa en lo bueno que es en vez de descansar en la gracia de Dios. ¿Se había dado cuenta de esto? En el versículo 29, el hermano mayor le dijo a su padre:

"He aquí tantos años te sirvo, no habiendo traspasado jamás tu mandamiento".

¿Qué estaba diciendo aquí? Decía: "Esto es lo que yo me merezco. He sido bueno. He seguido las reglas, he hecho lo que me has pedido. Merezco tu bendición. Me la he ganado".

Este tipo de reclamo no hace mención de la provisión del padre en su vida. Como el pródigo, el hijo mayor ha vivido su vida totalmente independiente de su padre. Pero al decir esto, él no quería tan siquiera reconocer la generosidad de su padre. Más allá de esto, su discurso reflejaba un roce en la relación con su padre. Se sentía rechazado por su padre, quejándose de que nunca había recibido un cabrito para hacer una fiesta con sus amigos. ¿Cuánto tiempo llevaba así el hijo mayor? No creo que estos sentimientos hayan florecido de la noche a la mañana. Después de años de trabajar para su padre, él desarrolló confianza en su propia ética de trabajo y en su disciplina. Es muy probable que su resentimiento iniciara cuando su padre le dio la mitad de la herencia a su hermano menor. ¿Y luego el padre hace una fiesta de bienvenida para el hijo que malgastó el dinero en un estilo de vida erróneo?

Este es el problema que surge cuando ponemos nuestra confianza en creer que somos suficientemente buenos. Comenzamos a creer que vamos a ganar algo departe del Padre. Pero la casa del Padre no es una casa donde se reciben méritos; es una casa de misericordia.

Mientras que el hermano mayor reclamaba: "Yo nunca he desobedecido", el hermano menor dice: "No soy digno".

Un hermano apelaba a sus méritos. El otro llegó suplicando misericordia. Un hermano se sumerge en la frustración; el otro celebra con regocijo.

Cuando nos enfocamos en nuestro currículo espiritual traemos división a nuestra familia espiritual. El padre y el hijo pródigo celebran en el patio y el hermano mayor se queda en el campo trabajando solo. Dios no retiene su misericordia o deja de celebrar solo porque uno de sus hijos no está de acuerdo. Así que hasta que usted no se mueva del "Nunca he desobedecido" al "No soy digno", nunca tendrá AJÁ.

Por qué Jesús es tan duro con los hermanos mayores

Mire, sé que suena un tanto fuerte.

Usted debe estar pensando: *Si Dios es tan misericordioso, ¿por qué es tan duro con los fariseos? Esa pregunta es muy válida.*

Esto es lo que pienso: Jesús sabía que la mayoría de las personas basarían lo que creían acerca de Dios y cómo era Dios en la forma en que los fariseos y los maestros de la ley vivieran y se comportaran. Hoy día esto también es una realidad. Dependiendo de la forma en la que los empleados de una compañía nos traten, así será la imagen que tendremos de dicha empresa. Vea el siguiente ejemplo, si usted entra junto a su familia a una tienda por departamento y se encuentra a un representante de ventas que le habla con hostilidad y utiliza lenguaje grosero frente a sus hijos, usted no estará muy feliz. Aunque usted no quisiera que la situación se tornara personal, ¿qué usted dirá? "Quisiera hablar con el gerente de la tienda, por favor".

Esto era lo que había detrás del reto que Jesús les lanzaba a los fariseos. Jesús sabía que de acuerdo a la manera en que los fariseos trabajaran en la casa del Padre, la gente se fijaría en ellos como un ejemplo de cómo era el Padre.

Existen muchos hermanos mayores que malinterpretan totalmente el corazón de Dios. Es ese tipo de persona que representa a Dios como el padre del que hablamos en el primer capítulo, un padre irrazonable, que es difícil de agradar, que es cruel y es indiferente. Generalmente el ejemplo que el hermano mayor da de Dios es lo que provoca que los pródigos terminen en el país lejano.

Ese no es el Padre que vemos representado en Lucas 15.

El último AJÁ

El padre busca a ambos hijos

Ambos hijos estaban equivocados y era responsabilidad de ambos buscar al padre. El hijo joven hizo esto, eventualmente, pero a la vez que el padre vio a su hijo, corrió hacia él. Él no se sentó a esperar por su hijo y tampoco actuó como muchos patriarcas de la época lo hubiesen hecho, llenos de orgullo e indignación ante la falta de respeto. No, él corrió al encuentro con su hijo.

Cuando el hijo mayor se encontraba en el campo, el padre abandonó la celebración y fue a buscarlo. Él habló directamente con su hijo.

¿Qué nos dice esto acerca de quién es Dios? Dios anhela una relación con sus hijos.

Un amigo me habló acerca de un hombre anciano que no podía valerse por sí mismo y cuya familia tuvo que tomar la decisión difícil de ubicarlo en un hogar de ancianos. Cada domingo por la tarde este anciano esperaba por la visita de su hija y su familia. Los esperaba con ansias durante toda la semana y siempre permanecía en los alrededores del hogar para recibirlos. Mientras los años fueron pasando, su mente se fue deteriorando y poco a poco fue olvidando los nombres de sus hijos. En algunas ocasiones se le hacía difícil regresar a su habitación.

Sin embargo, no importa lo que sucediera, todos los domingos por la tarde volvía a esperar a su hija y su familia.

Un día su hija le preguntó a su padre: "Papá, ¿sabes qué día de la semana es hoy?". El padre no le pudo contestar qué día de la semana era. Así que la hija le dijo a su padre: "Bueno, papá, entonces ¿cómo sabes que vendríamos hoy?".

El padre le contestó: "Bueno, querida, yo espero por ustedes todos los días".

Dios es un Padre amoroso que anhela tener a sus hijos de vuelta a casa. El día que usted finalmente decida llegar a casa, lo encontrará ahí esperando por usted. Usted se preguntará: ¿Cómo él *supo estar esperándome el preciso* día *en que regresé? ¿Cómo supo que sería este día en específico que regresaría?*

Porque Él espera por usted todos los días.

El padre es amoroso y bondadoso con ambos hijos

El padre tenía todo el derecho de ser duro con ambos hijos. Ellos se lo merecían. Los que escuchaban la parábola debían haber estado de acuerdo con que el padre estaba en todo su derecho de administrarles justicia y castigo a ambos hijos.

Pero aún después de las decisiones insultantes y el estilo de vida equivocado del hijo menor, el padre lo recibió, lo abrazó y lo besó. Y después de las palabras duras y la falta de respeto del hijo mayor, el padre con mucho amor intentó explicarle la situación. En tiempos antiguos el patriarca nunca hubiese tenido que explicar nada. Las tareas del hogar no eran opcionales; eran obligatorias. Aún así las respuestas del padre hacia las respuestas de enojo del hijo mayor, fueron con paciencia y cuidado.

Un amigo pastor me habló acerca de una joven de dieciséis años de su iglesia que había quedado embarazada. Era hija de un hombre de negocios del área y también líder de la iglesia. Ella y su novio se reunieron con el pastor porque estaban muy asustados y no sabían qué hacer.

Mi amigo le preguntó: "¿Has hablado con tu padre?".

Ella movió la cabeza de un lado a otro dejándole saber que no. Dijo que tenía mucho miedo de la reacción que él tendría.

El tiempo pasó, ella y su novio siguieron reuniéndose con el pastor, pero ella se rehusaba a contarle a su padre. Ella sabía que ya se notaba un poco su embarazo y que no podría contener el secreto por mucho tiempo, así que se reunió por última vez con el pastor y le presentó su plan. Ella y su novio escaparían juntos. Ella le pidió al pastor que le contara la historia a su padre cuando ellos estuviesen bastante lejos.

Mi amigo pastor le rogó que le contara a su padre, pero ella tenía demasiado miedo. Él insistió: "Vamos ahora mismo y se lo decimos. Estaré junto a ti".

Antes de que tuviese la oportunidad de expresar su desacuerdo, el pastor la llevó hasta afuera de la oficina. Manejó hasta la oficina de su padre. Su asistente le dijo que se encontraba en una llamada telefónica, pero mi amigo le dijo: "Lo siento, pero no puedo esperar", y entró con la joven. Ambos se sentaron en la oficina del padre de la joven. El padre la miró, vio a su hija bañada en lágrimas y también al pastor e inmediatamente dijo: "Te devuelvo la llamada".

Tan pronto como él colgó el teléfono, su hija comenzó a llorar desconsoladamente. Ella intentaba hablar, pero no le salía ninguna palabra de su boca.

Finalmente el pastor dijo: "Tu hija tiene algo que decirte".

El padre volteó su mirada hacia su hija, quien no lo miraba a los ojos. El respiró profundo y le dijo: "Espero que no estés aquí para decirme que estás embarazada".

Entonces la jovencita comenzó a llorar mucho más fuerte y casi se ahogaba mientras dijo: "Papá, no fue mi intención...".

Mi amigo se sorprendió cuando vio al padre levantarse de su silla, dar la vuelta y pararse frente a su hija. Con su voz entrecortada le dijo: "¡Levántate! ¡Levántate y mírame a los ojos!".

Ella no se inmutó.

"¡Te dije que te levantaras!"

Mi amigo ya estaba sobre sus pies, inseguro de lo que podría suceder después.

La jovencita se levantó lentamente y con lágrimas corriendo por sus mejillas, miró a su padre.

Su padre puso su mano en sus hombros y la miró fijamente a los ojos. Entonces extendió sus brazos y abrazó a su pequeña niña.

Mi amigo estaba tan cerca que pudo escuchar lo que su padre le susurró: "Está bien ya, querida. Te amo sin importar lo que hagas. Pasaremos juntos por esta situación".

Esperamos que Dios sea un padre enojado que demande justicia, pero a través de Jesús, Él nos da su amor y su gracia cuando no la merecemos. Finalmente, la historia de Lucas 15 no trata acerca de dos hijos que desobedecieron. Es acerca de un Padre que ama a sus hijos incondicionalmente.

PREGUNTAS DE ESTUDIO

CAPÍTULO 1—EL PAÍS LEJANO

1. ¿Ha estado en un país lejano o se encuentra ahí ahora mismo? ¿Qué lo llevó hasta ahí?

2. ¿Cuál es su perspectiva acerca de Dios? Honestamente en cinco a diez palabras ¿cómo describiría usted lo que siente por Dios?

3. ¿Cuándo fue la última vez que usted simplemente dijo: "Dios, necesito tu ayuda"?

PARTE 1—ALERTA REPENTINO

CAPÍTULO 2—ENTRAR EN RAZÓN

1. ¿Por qué se nos hace tan difícil escuchar y responder a las advertencias tempranas que Dios pone en nuestras vidas?

2. ¿Puede pensar en una ocasión en la que usted ignoró una alarma de alerta y se tuvo que enfrentar a las consecuencias más tarde? En retrospección, ¿qué hubiese hecho para despertar en vez de posponer la alarma?

3. ¿Hay alguna alarma de alerta que suena en su vida ahora mismo? ¿Qué pasos usted necesita tomar para asegurar que no la ignore?

4. Ore para que Dios abra sus ojos para que esté alerta a lo que Él quiere mostrarle.

CAPÍTULO 3—UN MOMENTO DESESPERANTE

1. ¿Ha tocado fondo alguna vez? ¿Qué sucedió?

2. ¿Cómo ha respondido a las circunstancias difíciles en su vida?
   ¿Lo ha *alejado de* Dios o acercado *a* Dios?

3. Complete esta oración: "Dejé de huir de Dios cuando..."

CAPÍTULO 4—UNA REVELACIÓN DESLUMBRANTE

1. ¿Alguna vez ha tenido una revelación de algo que estaba delante
   de usted por mucho tiempo pero que no lo había visto antes?

2. ¿Cuánto tiempo toma para estar a solas y en silencio? ¿Cómo podría dedicarle más tiempo a esto?

3. ¿Tiene usted a alguien en su vida quien tiene permiso para "encender el interruptor," y decirle el cinco por ciento de la verdad?

PARTE 2—JUSTICIA TOTAL

CAPÍTULO 5—HABLARSE A SÍ MISMO

1. ¿Cuándo usted se mira en el espejo espiritual, que ve que otros
   no pueden ver? ¿Qué lo detiene de traer eso a la luz?

2. ¿Cuándo usted piensa en confesiones, qué le viene a la mente?

3. ¿Tiene usted a alguien quien le haga las preguntas difíciles y
   quien le pueda confesar sus pecados? ¿Qué tendría que hacer
   para desarrollar este tipo de relación?

4. ¿Qué cambiaría en su vida si usted estaría dispuesto a regularmente hacer la incómoda y difícil tarea de confesar?

CAPÍTULO 6—NEGACIÓN: SI LO IGNORO, TAL VEZ DESAPAREZCA

1. ¿Qué nos sucede cuando vivimos en negación?

2. Cuando somos confrontados con la verdad, ¿Cuáles son las emociones que nos conducen a la negación? ¿Cómo podemos confrontar estas emociones en vez de que estas nos venzan?

CAPÍTULO 7—PROYECCIÓN: NO ES MI CULPA, POR LO TANTO NO ES MI RESPONSABILIDAD

1. ¿A quién o a qué usted tiende culpar cuando se da cuenta de que está en el corral de los cerdos?

2. ¿Por qué es tan difícil para nosotros aceptar nuestra responsabilidad, sin peros?

3. ¿Hay alguna persona a la que usted tenga que admitirle su culpa? Escriba qué le tiene que decir a estas personas y tenga cuidado de proyectarse o de buscar alguna forma sutil de excusarse. Entonces vaya a donde estas personas y léales lo que escribió.

CAPÍTULO 8—MINIMIZAR: NO ES GRAN COSA

1. ¿Hay algún área de su vida en la que usted minimice?

2. ¿Cuál es la conexión entre la negación, la proyección y minimizar? ¿Por qué cedemos tan fácil ante cada una de ellas?

3. ¿Cómo nos pueden enseñar los ninivitas en Jonás 3 a tener una respuesta de convicción correcta?

4. El hijo pródigo se dio cuenta que sus decisiones habían causado un daño significativo en sus relaciones y que estos errores tenían que enmendarse. Tome unos minutos para honestamente evaluar las consecuencias que sus errores han causado en sus relaciones, aun las acciones que no parecen ser tan importantes. ¿Puede comenzar a trabajar para enmendar esas relaciones?

PARTE 3—ACCIÓN INMEDIATA

CAPÍTULO 9—TIEMPO DE LEVANTARSE

1. ¿Cuáles son los obstáculos entre la justicia total y la acción inmediata? ¿Por qué es tan difícil traspasarlas?

2. ¿Por qué generalmente hay una gran diferencia entre las
   "creencias en público", "creencias en privado" y "creencias firmes"?
   ¿Cómo podemos mantener consistencia?

3. Como debe haber leído en este libro hasta ahora, quizás ya usted
   tuvo un alerta repentino y puede ser que haya sido brutalmente
   honesto con usted mismo. En vista de esto ¿qué acciones debe
   tomar?

4. ¿Qué se interpone entre usted y esa acción necesaria?

CAPÍTULO 10—PASIVIDAD: SEGURAMENTE TODO SE SOLUCIONARÁ SIN EL MAYOR ESFUERZO

1. Parece ser mucho más fácil escoger el camino que requiere poca
   resistencia, pero esto no es lo que nos conducirá a AJÁ. ¿Cómo
   es que el camino difícil de la acción inmediata produce cambios
   que el camino fácil no puede producir?

2. La pasividad ocurre cuando honramos algo o a alguien antes
   que a Dios. Casi nunca, si es que nunca, tenemos la intención de
   llegar hasta este punto, así que ¿qué puede impulsarnos a honrar a
   nuestra familia, el dinero y las comodidades por encima de Dios?

3. ¿Cuál será su "primer paso"? ¿Cómo actuará?

CAPÍTULO 11—PROCRASTINACIÓN—LO HAGO MÁS TARDE

1. ¿En qué áreas de su vida usted procrastina?

2. Si honestamente mira al pasado ¿Qué le ha costado a usted la
   procrastinación?

3. ¿Qué opina usted de posponer el dolor, prolongar el placer o pla-
   nificar para que todo resulte perfecto desempeñando un rol de
   procrastinador?

4. En su pasado ¿puede usted recordar algún momento "ahora mismo" como el que tuvo Zaqueo? ¿Qué lo condujo a esos momentos y qué cambios obtuvo de ellos?

CAPÍTULO 12—DERROTISMO: YA ES DEMASIADO TARDE

1. ¿Ahora mismo siente que es demasiado tarde o lo ha sentido en algún momento de su vida? ¿Por qué?

2. ¿En qué momento de su vida ha sentido que ha tenido que intentar tapar el agujero en el fondo de la piscina, que mientras más trata de arreglar algo peor se pone?

3. ¿Ha intentado hacer cambios que no funcionaron o no duraron mucho tiempo? Regrese a la lista de preguntas que se encuentra en la página 189 y 190. ¿Alguna de estas tiene que ver con usted?

4. ¿Qué tiene que hacer diferente esta vez para poder experimentar AJÁ?

CAPÍTULO 13—PERDIDO EN LA CASA DEL PADRE: EL ÚLTIMO AJÁ

1. ¿Encuentra que es fácil o que es difícil aceptar que los "pródigos" regresen a casa?

2. Ahora con el conocimiento que tiene sobre el hermano mayor al final de la historia ¿puede entender su respuesta hacia las acciones del hermano menor?

3. A partir de lo que hemos aprendido acerca de AJÁ ¿cuál sería el siguiente paso que debería tomar el hermano mayor para experimentar AJÁ?

4. Sin importar si usted es más como el hermano menor o como el mayor en este momento, ¿cuál sería el próximo paso a tomar para que experimente un AJÁ?

NOTAS

Capítulo 1

1. Divulgación total: Compré *3 Jedi Mind Tricks for Street Fighters*. ¿Tiene usted algún problema con eso? (Truco mental número 1: Sé un agresor.)

2. Kathryn Schulz, "The Self in Self-Help," *New York*, enero 6 de 2013, http://nymag.com/health/self-help/2013/schulz-self-searching/.

3. Si no se identifica con esta referencia, por favor escoja una de las siguientes: lo que Screech es a Zack; lo que Shaggy es a Fred; lo que la dieta Atkins es a Olive Garden; lo que Happy Gilmore es a Shooter McGavin; lo que Iceman es a Maverick; lo que los Fratellis son a los Goonies; lo que Newman es a Sienfield; o lo que las camisas son a Matthew McConaughey.

Capítulo 2

1. Para mis compañeros de la generación X: Mírelo de esta manera, puede evaluar lo que está fuera de moda a través de todo el elenco de *Saved by the Bell*. Si alguien viste pantalones lavados a piedras, se le puede llamar AC Slater. Si sus pantalones son demasiados altos y sus camisas muy llamativas, puede llamarlos Screech Powers. Si sus flecos son demasiados gruesos, usted le puede llamar Kelly Kipowski. Si tienen veinte años y visten como si tuvieran cincuenta, puede llamarlas Lisa Turtle. Y si todo lo que visten le resulta molestoso, le puede llamar Jessie Spano.

2. Mientras escribía esto, me di cuenta que quizás no era la mejor táctica de crianza. ¡Pero funcionó!

Capítulo 3

1. Está bien, vaya y vea unos cuantos. Pero cuando usted se encuentre viendo "The Evolution of Dance" por la trigésima séptima vez, será un recordatorio de que usted leyó este libro.

2. John Ortberg. "Don't Waste a Crisis," Leadership Journal, Christianity Today Library, 31 de enero de 2011, http://www .ctlibrary.com/le/2011/winter/dontwastecrisis.html.

3. Por ejemplo, cuando mi esposa estaba embarazada de nuestro primer hijo y fuimos al hospital para tomar clases prenatal, ellos nos mostraron un vídeo de una mujer dando a luz. No podía parar de reírme. Mi esposa no pudo ver lo gracioso.

Capítulo 4

1. Historia verdadera: Cuando pequeño, mi papa me enseñó que las únicas dos herramientas que necesitaba para arreglar cualquier cosa era un teléfono y una chequera. Su caja de herramientas consistía de un martillo y pegamento.

2. Honestamente, nunca estoy demasiado ocupado para analizar el fracaso de un hombre que se supone que sea más diestro que yo.

3. Aaron Derfel, "Blind No More: 'It's like I'm a Child All Over Again," Montreal Gazette, julio 26 de 2013, http://www.montreal gazette.com/health/Blind+more +like+child+over+again+video /8711875/story.html.

Capítulo 5

1. No sé por qué, pero como hombre, me siento raro al llamarlo un salón de belleza. Quizás eso es lo que decía el letrero, pero me recorté en una barbería.

2. John Blake, "A Preaching 'Genius' Faces His Toughest Convert," CNN, 14 de diciembre, 2011, http://www.cnn.com/2011/11/27/us/ craddock-profile/index.html.

3. Susan Wise Bauer, The Art of the Public Grovel (Princeton: Princeton University Press, 2008), 2.

4. C. R. Snyder, Coping with Stress (New York: Oxford University Press, 2001), 200, 205.

Capítulo 6

1. Jim Collins, "The Secret Life of the CEO," *Fast Company,* octubre de 2002, http://www.jimcollins.com/article_topics/articles/the -secret-life.html.

2. Durante los pasados nueve años.

Capítulo 7

1. El papá, no la mamá

2. Se lo pedí a ella porque sin la ayuda de un compás, soy incapaz de hacer un círculo. Se lo mostraré:

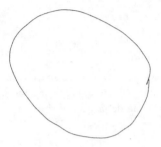

Capítulo 8

1. Terry Gilliam y Terry Jones, *Monty Python and the Holy Grail* (Python [Monty] Pictures, 1975).

Capítulo 9

1. 52,321 dulces más y hubiésemos podido ir a Los Ángeles, California. Tan cerca que estuvimos.

2. No cuestione mi gusto por Luke Perry aquí. Esto fue en el 1994.

3. No lo puedo comprobar, pero tengo la seguridad de que existe una correlación directa entre lo molestosa que puede ser una persona y lo efectiva que esta puede ser como entrenador. ¿Necesita tener más evidencia? Denise Austin, Jillian Michaels, Billy Blanks, Susan Powter ("Stop the Insanity!"), y Richard Simmons. Caso cerrado.

4. Alan Deutschman, "Change or Die," *Fast Company,* 1 de mayo de 2005, http://www.fastcompany.com/52717/change-or-die.

5. "How to Manage Your Stress," *USA Today,* 7 de marzo de 2001, http://usatoday30.usatoday.com/news/health/2001-03-07-stress-tips.htm.

Capítulo 10

1. Scott Bowles, "Hesitation Is a Fatal Mistake as California Firestorm Closes In," *USA Today*, 30 de octubre de 2003, http://usatoday30.usatoday.com/news/nation/2003-10-30-fires-usat_x.htm.

2. *Corazón valiente (Braveheart)*

3. *Búsqueda implacable (Taken)*

4. *Rocky III*

5. *El gladiador (Gladiator)*

6. Usted puede hacer una división de generaciones con este sistema de juego. Yo regreso al Nintendo, la mejor consola de juego. En mi opinión no es un sistema de juego real si usted no tiene que soplarlo antes de que funcione.

Capítulo 11

1. Dictionary.com define *procrastinación* como "el acto o el hábito de procrastinar, o aplazar, especialmente algo que requiere atención inmediata".

2. Me lo inventé. Ella no dijo eso, pero eso fue lo que pretendí escuchar.

3. William Shakespeare, *Macbeth* (New York: New American Library, 1998), 90.

Capítulo 13

1. La palabra es *skubala*, de hecho, se utilizó en Filipenses 3:8.

2. Tim Keller, *The Prodigal God* (New York: Penguin, 2008).